María Fux

DANZATERAPIA
Fragmentos de vida

Viamonte 1674
(1055) Buenos Aires
☎ 373-1414 (líneas rotativas) Fax (54-1) 375-0453
E-mail: magisterio@commet.com.ar
República Argentina

Supervisión general: Beatriz Borovich

Fotos realizadas:
Contratapa: Andres Barragán.
Interiores: Lucelo Fernandez, Brasilia.

2.ª reimpresión

ISBN 950-724-724-6

PRINTED IN ARGENTINA
IMPRESO EN ARGENTINA

Se terminó de imprimir en el mes de mayo de 2007 en el Establecimiento Gráfico LIBRIS S. R. L.
MENDOZA 1523 • (B1824FJI) LANÚS OESTE • BUENOS AIRES • REPÚBLICA ARGENTINA

Índice

5

Este libro tiene una destinataria: es mi madre.

Ella me enseñó con su ejemplo, desde mi más tierna infancia, a superar la rigidez de su pierna sin rótula.

Con su pierna rígida, sus canciones, me enseñó a danzar.

Mis recuerdos se remontan a cuando yo tenía cinco años y, junto a mis hermanas, mi madre movía sus manos como danzando y cantando sus canciones.

Yo, sin saberlo, durante toda mi vida he sido la pierna móvil de mi madre.

Ahora ella no está y yo no he roto mi cordón umbilical.

Este libro, con mis fragmentos de vida, está dedicado a ella.

Gracias, mamá.

También dedico este libro a María José Vexenat, Sonia López e Irene, las raíces que siguen creciendo cerca de mí, a todos mis alumnos, de quienes tanto he aprendido.

Y agradezco al fotógrafo Andrés Barragán por las imágenes.

Y a Leonor Ruiz-Díaz, que durante estos años copió mis palabras para que este libro sea realidad.

Ensayo de un prólogo para los libros de María Fux

El contexto no-verbal está formado por la conjunción y dinámica de infinitos códigos, entre los cuales podemos reconocer código musical, código gestual, código corporal con sus movimientos proximales axiales y distales, código verbal, código de la mímica, código de los olores, etc.

El contexto no-verbal es el campo fértil de la comunicación durante los nueves meses de gestación y los primeros meses de vida extrauterina.

Aunque luego aparezca la palabra, ésta adquiere importancia debido a los parámetros que circundan el simbolismo de la misma. El conocimiento de un idioma es posible al adquirir entonación, timbre, densidad, frecuencia de cada una de las frases que componen esa lengua.

Por otra parte, en las psicoterapias verbales, el impacto transferencial y contratransferencial sólo es producido por los códigos que componen el contexto no-verbal. Por esto clínicamente se observa que ese contexto facilita la repetición de todas las primeras relaciones vinculares, como por ejemplo las relaciones edípicas. En situaciones grupales el trabajo en un contexto no-verbal permite la repetición de acontecimientos primitivos de la evolución de la humanidad, como sería la reproducción de la "comida totémica".

Por eso un observador idóneo percibe en la dinámica de un contexto no-verbal los tonos y melodías que pertenecen a las tempranas etapas evolutivas, como el ritmo binario o cuaternario que remeda al latido cardíaco o los intervalos de segunda y tercera que son la base de las canciones de cuna.

Por todo esto, el contexto no-verbal es el paradigma de la musicoterapia y de la danzaterapia.

Qué mejor introducción entonces a los libros de María Fux.

A través de sus páginas, nos introduce en la esencia misma de la danzaterapia, que es parte de su propia historia de vida; su madre con una pierna rígida desde los cinco años, "jamás había bailado, pero cantaba y agitaba sus manos cuando planchaba nuestros cinco delantales para la escuela". Extraordinario ejemplo que marcaría su vocación hacia las personas discapacitadas.

Cada uno de sus capítulos, que son la referencia de experiencias reales vividas y compartidas, nos muestra aspectos de ese contexto no-verbal.

Con esa particular intuición creativa, María Fux nos plantea de entrada el patrón de medida: el silencio. "Nosotros, oyentes con memoria auditiva podemos tener espacios de encuentro con el silencio, y es allí cuando el ritmo interno se hace presente para participar con el cuerpo."

Por eso su trabajo adquiere inusitada importancia para aplicarlo en los no oyentes.

Su pregunta visionaria: "¿Por qué no bailar sin música?" Y así nació su danza del silencio. Su concepto de palabras madres es la comprensión del contexto no-verbal. "La palabra madre, la palabra que tiene síntesis, la palabra movilizadora, cobra en el cuerpo un valor de comunicación que se transforma en movimiento, en el cual la palabra emitida, sencillamente pensada, se convierte, sin música, en ritmo y en sentido de expresión." El código verbal analógico es la extraordinaria contradicción en sí mismo, para obtener la comunicación. Y así lo consigue con la persona que padece de síndrome de Down o de parálisis cerebral, o como en el caso de María (el más profundo de los aislamientos, el abandono).

María Fux recurre a cuanto elemento sea posible dentro del mundo infinito del contexto no-verbal; por lo tanto, los colores, las cintas, las pelotas, los aros son parte de la prolongación de su cuerpo. "Un aro de mimbre puede ser entonces una ventana." Pero también son su prolongación sus propios alumnos, entre los cuales puede haber tanto alguien de 88 años, como una persona Down, como un sordo o una niña aislada, o una persona con muletas. Todos se moverán, danzarán "... creciendo y siendo brazos como raíces que se suspenden en el espacio".

El gran instrumento de comunicación de María Fux es el cuerpo.

Dice una de sus alumnas: "Decido comenzar a frotarnos el cuerpo y a sacarnos todo lo que nos molestaba, lo que no nos agradaba." O con su querida María "con mis miedos y con mis posibilidades pude llegar a María y deshacer la soledad corporal que tenía y abrir en su cuerpo un largo camino hacia la comunicación". O con los mayores, "los cuerpos olvidados".

A través de su cuerpo y del cuerpo de sus alumnos, María Fux vive, se expresa, se comunica, integra, sueña y hace soñar.

Qué puede ser algo más mágico que aquella experiencia de María Fux bailando para los niños y jóvenes que padecían de poliomielitis y vivían gracias a un pulmotor.

Esa noche, después del baile, María soñó que estaba en un pulmotor y ellos soñaron que se movían.

Prof. Dr. Rolando Benenzon
Miembro de Honor de la World
Federation of Music Therapy,
Director de la Escola de Formacion
in Musicoterapia, Anni Verdi Roma-ltalia

Prefacio de Lilia Bertelli

El lector de este libro viene atrapado empáticamente por la historia de María, que lo lleva gradualmente a ponerse en contacto con su propia vida, desde los recuerdos de la infancia a las experiencias de su danza profesional, desde danzarina a coreógrafa, desde profesora a investigadora.

Sucesos, testimonios, encuentros con personas, alumnos, gente con diferentes discapacidades, que transmiten el entusiasmo y el amor de María por su ARTE, compartido junto a los demás y por los demás.

Su libro nace de una auténtica y continua experiencia de vida con la danza. Danza como elección de vida y de conducta. Danza como medio de comprensión de sí misma y de los demás.

María Fux es una artista que con su arte ha creado la posibilidad de un puente para rescatar la incomunicación del cuerpo, aun con personas rodeadas de problemas.

Su danza, resultado de una precisa y personal elección pedagógica madurada en una gran experiencia artística, es de una rara esencia en sus imágenes a través de la potencia del símbolo.

Encontramos la misma claridad del arte de María en las

palabras de Paul Valery que dice en *Ame et la danse...*: "que veux tu plus clair sur la danse, que la dans elle meme?".

En la enseñanza de María encontramos el regreso a nuestros orígenes, el misterio de la vida con su posibilidad de elevarse y caer según una parábola catártica y transformadora en la cual nos encontramos nosotros y aprendemos a amar a los demás.

Su danza es un impulso vital, es emoción que se manifiesta a través del gesto y el movimiento simbólico.

Danza como perfecta interrelación entre individuo, espacio y grupo, danza como descubrimiento del cuerpo expresivo con un sentido individual y colectivo.

Las palabras madres se transforman en movimiento; también el silencio danza.

El ritmo interno, que es personal en cada individuo, viene al exterior a través de la búsqueda de formas que le pertenecen y no por medio del oído.

La manifestación de la danza desarrollada de esa manera tiene un valor que une la mente con el cuerpo y permite una comprensión total de la persona, que a través del acto creativo cumple un camino transformador consciente, facilitado por la educación del danzaterapeuta. Como dice G. Jung: "Toda toma de conciencia es un acto creativo."

La danzaterapia de María es una espléndida unión de arte y ciencia, y contiene una profunda sabiduría y conocimientos artísticos, antropológicos, sociales, psicológicos y humanos.

F. Delsarte, F. Laban, M. Graham, Stanislawsky, Moreno, P. Shilder, G. Jung y W. Reich, y otros tantos estudiosos han localizado la atención sobre la estrecha comunicación entre vida psíquica y el lenguaje gestual expresivo.

María siempre habla a los grupos que forma transmitiéndoles la confianza y diciendo siempre: "Lo pueden hacer, siempre se puede." Así se puede realizar el diálogo con lo interno y lo externo, mirando su mano que puede ser el espejo donde las imágenes se hacen movimiento.

María Fux en este libro resume su largo recorrido y ofrece al lector muchas maneras de reflexionar sobre las propias búsquedas personales.

El libro está lleno de estímulos para sentir, experimentar y reconocer, permitiendo al lector una comprensión que despierta resonancias e interés.

El pensamiento pedagógico de María como método de recuperación a través del movimiento creativo es seguido con entusiasmo por alumnos en todas partes del mundo

En la evolución de la danzaterapia, María es una referencia de alto nivel en Italia, en Europa y en toda América, donde desarrolla su actividad de formación hace más de 40 años.

Su metodología es aplicada con éxito en la gente que trabaja con distintas discapacidades, médicos, psicólogos, en el campo educativo para personas diferentes, en todas las edades, desde niños, adultos, a la gente de tercera edad en un ambiente de rehabilitación y terapia, para personas con problemas neurosensoriales como ciegos, sordos, síndrome de Down, disturbios psicológicos y mentales.

En la forma de realizar los cursos de formación en danzaterapia, María afirma: "El arte y la creatividad están alrededor de nosotros, cada uno debe encontrar como cuando era niño y jugaba al gallo ciego. Quitemos el pañuelo de nuestros ojos y miremos nuestro mundo interno y el externo que nos rodea y cambiemos acercándonos a la gente para indicarles caminos.

El artista debe acercarse de manera viva ofreciendo su profesión para transmitir la experiencia que se va adquiriendo a través de su vida que es arte, y compartir con las personas necesitadas de estos encuentros.

Alrededor de veinte años atrás, en Italia eran pocos los que consideraban la danza en su aspecto teatral y profesional, pero trataban de encontrar una visión global. Yo personalmente deseaba conocer a María Fux e invitarla a Florencia a nuestro Centro, para profundizar con su visión el proyecto educativo del individuo a través de la DANZA-TERAPIA.

Este encuentro se realizó por Oscar Ariaudo, padre de Leticia, la primera alumna no oyente de María.

Quiero expresar mi gratitud a María por su amistad y su magnífica disposición de maestra, y compartir a través de tantos años el camino de mi búsqueda desarrollándome en la educación de la danza.

Este camino con María nos ha unido, más allá de nuestras diferencias en la fe, y nos ha dado confianza y seguridad en que con la danza estamos evolucionando en un desarrollo que se inició hace 20 años, y ese camino se ha transformado en una fuerza viva para un enorme número de alumnos que está en toda Italia.

Junto a mí, María inició en el año 1989 el Centro Toscano de Formación de Danzaterapia con su nombre.

María Fux con su presencia ha dado continuidad y unidad al desarrollo de la danzaterapia en Italia después de sus cursos internacionales.

Ella representa para todos nosotros como una raíz madre que germina conocimientos y energía, un ejemplo de intensidad, de continuidad, de coherencia y unión de la danza con la vida. Con su permanencia y su continua búsqueda a través de la danza, nos enseña AMOR por la vida y por los demás.

Lilia Bertelli
Directora del Centro de Estudio
"Danza y Movimiento" Florencia (Italia).

Prólogo

Hay invitaciones que no se pueden rechazar. Prologar un libro de María Fux es una de ellas.

Tarea de doble filo: un honor y un riesgo.

Riesgo de no mantener cierto equilibrio, cierta prudente ecuanimidad. Riesgo de dejarse ganar por la intensa seducción de la mirada y la sonrisa de María, por esta sensación de que el alma se le transparenta en todo el cuerpo y fulgura desde sus ojos a los míos.

Luces, electricidades, magnetismos.

Para mí María es eso antes que nada.

Es esa hembra humana de melena desplegada hasta más allá de la cintura, que provoca y acompaña los movimientos del bailarín negro senegalés Ba Mamour, sobre un escenario empequeñecido ante semejante despliegue de ritmo y sensualidad y ante la ovación de un público completamente olvidado de que "ella" está pisando los setenta.

Es esa nena de cinco años que pide permiso para bailar en todas las fiestas familiares; la que cuando juega a las estatuas siempre hace de bailarina: en puntitas de pie, sujetándose el ruedo de la pollera. La que pasa las tardes de verano en el Parque Centenario, bailando para los chicos que salen de una colonia de vacaciones: con pétalos de magnolias caídas se hace coronas y collares para lucir mejor en su primer "teatro al aire libre" donde los espectadores anuncian su salida a escena: "Ahí llega la bailarina..." Y ella se derrite de orgullo y emoción.

Es esta misma chiquilina de más de setenta años que sigue bailando, poniéndole danza a la pierna rígida de su madre, al silencio de sus alumnos sordos, a la quietud de cuerpos limitados, a sus propios límites, silencios, ausencias, miedos...

Es la muchachita de trece años, amiga de una mujer que cree en la reencarnación y la considera un retorno de Isadora Duncan: durante un año le paga clases de danza clásica con Ekaterina de Galantha. Después Ekaterina la beca varios años más, mientras María sigue buscando otros modos de bailar. Es esa adolescente que se vincula con un grupo de pintores jóvenes interesados en el impresionismo, y confirma sus sospechas de que, como la pintura, la danza también puede buscar formas nuevas. Así rescata el valor de la improvisación como una forma de abrir puertas no tradicionales, el valor del silencio como acompañamiento musical óptimo para ciertos estados internos.

Es aquella joven que en el año '42, en el Teatro del Pueblo, hace su presentación formal como coreógrafa en homenaje a Ekaterina de Galantha: los únicos espectadores son sus padres y algunos amigos que pagan 20 centavos para verla bailar Debussy, Ravel y... el silencio, sin una sola figura del clásico.

Es la misma que, a los treinta años, deja momentáneamente en Buenos Aires un hijo de siete, y se va a estudiar a EE. UU. donde vive sacando fotocopias en un sótano, por 45 dólares semanales que le permiten tomar clases todos los días y comer salteado, hasta recibir de Marta

Graham un consejo como baldazo de agua helada: "María, no busques afuera lo que tenés adentro. Volvé a tu país. El maestro está dentro de vos."

Es la que desde entonces ha hecho infinidad de espectáculos y desarrollado una incansable actividad docente. María bailó en Rusia, Inglaterra, España, Italia, Checoeslovaquia, EE. UU., Colombia, Brasil, Perú, Bolivia, Uruguay... y en toda la Argentina. Bailó tanto en el Colón como en las Minas de Zapla, en Jujuy; tanto en el Teatro San Martín como en cualquier plaza y en cualquier club donde se abriera un espacio para su trabajo.

Es esa "prima donna" que se ofrece con restallante humildad para danzar "a beneficio". Que se ofrece a hacer lo que más le gusta... y en ese placer encuentra suficiente retribución.

Es la que, en agosto de 1993, en una entrevista realizada por Raquel Guido para la revista *Kiné*, afirma: "He danzado desde que estaba en la panza de mi madre. Aunque para ella, de familia judía rusa, dedicarse a la danza era casi una mala palabra, siempre se esforzó por comprenderme... Ella tiene una pierna rígida y yo fui algo así como su 'pierna móvil'. Mi vocación siempre fue una profundísima búsqueda dedicada a descubrir quién era yo, qué era lo que investigaba a través del movimiento. La vocación es una infinita voluntad y continuidad de uno mismo, y el obstáculo puede ser una ayuda para los aciertos. La dificultad es un límite que te ayuda a crecer. Yo he conocido los límites de muchísima gente y he podido trabajar con ellos porque conozco mis propios límites. He recorrido ese camino con gente con síndrome de Dawn, con espasticidad, con personas sordas, con gente como yo, estresada en este mundo tan duro; con gente con problemas mentales de distintos tipos, donde el cuerpo siempre ha constituido un puente de comunicación. De mi primer trabajo en el año '42, donde bailé sin música, ha surgido la valoración que hago del silencio y que me ha permitido encontrar un lenguaje en la tarea con sordos, que los impulse a danzar su propio ritmo, el color, la palabra, la energía... No existen fronteras para ciertas imágenes que son permanentes en la vida del hombre, de todos los seres humanos, aquí y en la China, con mayores o menores limitaciones. También la observación de la naturaleza me ha ayudado y me ha dado la posibilidad de aprender acerca de la cantidad de ritmos silenciosos que tiene, por ejemplo, un árbol. Esos ritmos se pueden inducir en la persona que me escucha y me mira y darle la posibilidad de experimentar cómo desde nuestras raíces naturales podemos crecer. En forma simple pero profunda, extraer de nosotros mismos aquello que nos va a ayudar desde la más temprana edad hasta nuestro ocaso. No hay edad-límite; yo tengo 71 años, y todas las mañanas siento que crezco. El pasado me dio mis raíces pero me gusta vivir en el presente. Hoy quiero que mi experiencia sea transformada en los otros, por eso estoy dando cursos de formación tanto en mi estudio de Buenos Aires como en Milán, en Florencia..."

Es esa mujer llena de coraje, que se atreve a ir hasta el hueso cuando relata: "En el año '92 fui invitada a participar en un gran Congreso llamado 'El Arte en la Discapacidad' realizado en China. Asistí en representación de la Argentina con mi labor del arte plástico en relación con el cuerpo, especialmente aplicado al trabajo con sordos. En un enorme escenario se presentaban todas las noches discapacitados de los países invitados haciendo Mimo, Danza, Teatro. La última noche se presentó el grupo de China y este trabajo me marcó con mucha fuerza para continuar adelante con mi labor. Sobre una música muy intensa de rock pesado, aparecieron en escena treinta discapacitados en sillas de ruedas y luego de mirar al público muy seriamente se tiran al piso y comienzan a moverse como raíces.

Haciendo cosas maravillosas con esos cuerpos que reptaban por el escenario inmenso, comenzaron a expresarse a través de la danza con sus fragmentos disponibles; odio, amor, sexo, pasión... No sé si duró diez años o un minuto. Luego se fueron sentando despacito en sus sillas, pedazos de hombres y mujeres, artistas completos, gente como uno; nos miraron seriamente y se fueron. Ésta fue para mí la demostración más clara evidente de que a través de los grandes límites que tenemos podemos ubicarnos en este mundo de una manera creadora; con este cuerpo, a partir de lo que somos. Desde lo imposible, desde los límites más feroces se puede seguir creando y expresando. Más allá de los miedos, de la fatiga de la lucha permanente, necesitamos seguir los rastros que nos lleven a encontrar lo que realmente somos. Desde aquella niña que bailaba en el parque hasta hoy, existe una continuidad por la cual fui descubriendo tanto lo mejor como lo peor de mí misma: de esa manera me he ido completando como ser humano."

¿Equilibrio? Lo perdí.

¿Prólogo? No sé si este texto puede cumplir esa función.

¿María Fux? Una mujer llena de fuego... Me contagia... Me enciendo... Y se me queman los papeles.

Julia Pomiés
Periodista. Co-editora y directora
de *Kiné*, revista de lo corporal
Buenos Aires 1996

I

Homenaje a mi madre antes y después de su partida

No puedo continuar sin hablar de mi madre, alguien que ha tenido y tiene aún hoy tanta influencia en mi vida. Con quien comparto raíces profundas de comunicación. Durante años me he preguntado el porqué de mi interés por bucear en los límites de la gente, investigando los míos propios.

Hasta que, un día, como una revelación, comprendí.

Mi madre tiene una pierna rígida desde los cinco años. Cuando llegó junto a sus padres y sus once hermanos desde Rusia, huyendo del progrom en la época en que el zar mataba a los judíos, traía una infección en la rodilla; en el Hospital de Niños de Buenos Aires debieron extraerle la rótula para salvarle la pierna. Así, ella perdió la posibilidad de flexionarla, porque no había prótesis.

En mi infancia, y durante mi adolescencia, paralelamente a la existencia de la renguera de mi madre, el espacio de su pierna sin flexión al sentarse me producía dolor en mi cuerpo.

Sin duda que ella acompañaba mis deseos de la danza. Jamás había bailado, pero cantaba y agitaba sus manos cuando planchaba nuestros cinco delantales para la escuela.

Esas manos acompañando sus canciones eran también sus danzas, y creo que yo me fui transformando en esa pierna inmóvil de mi madre, convirtiéndola en un movimiento dinámico.

Todo esto fue un proceso, porque yo la vi, también, sufrir. Durante mucho tiempo ella sintió que la gente la miraba con pena y esa pierna se convertía, entonces, en un dolor.

Y yo aprendí mucho de ella, sigo haciéndolo aún hoy que va a cumplir noventa y cinco años... Vi cómo sentía miedo y lo superaba, cómo tenía deseos y los llevaba adelante... Luchó y amó también a través de esa pierna que la hizo sufrir tanto tiempo.

Me alegro de encontrar esta explicación a mi interés por los límites del cuerpo. El deseo de luchar contra ellos, mi larga búsqueda de puentes que permitan a la gente con cualquier tipo de discapacidad expresarse libremente a través del cuerpo. Evidentemente que el límite de mi madre fue una llave para abrir la puerta que me llevaba hacia este camino.

Cada vez que me enfrento a una persona con dificultades para expresarse, me pregunto cómo haría yo en su lugar, cómo buscaría yo ese lenguaje en mi cuerpo y desencuentros también.

Todo mi camino es un mar de preguntas y de encuentros, y de nuevas preguntas.

Pero el comienzo del desarrollo mismo está íntimamente ligado a la fuerza y el deseo de mejorar a los otros.

Comencé a estudiar danza a los trece años, en el estudio de Galantha, donde conseguí una beca. Del presupuesto magro de mi familia, mamá sacaba veinte centavos para que yo tomara el tranvía 2 y viajara desde mi casa en Liniers, hasta lo de mi profesora en Retiro.

A medida que crecí se hizo más fuerte ese vínculo entre su pierna inmovilizada y mi vocación por la danza. A los veinte años, cuando presenté mi primer espectáculo en el Teatro del Pueblo, mi madre descolgó las cortinas para prepararme mis vestidos de danza.

Mi expresión se había convertido ya en la suya propia; y siempre sentí su confianza, su apoyo y su estímulo. De alguna manera mi capacidad y mi búsqueda han sido una reivindicación para su pierna.

Noviembre del '95; he llegado recién de Florencia, donde he estado invitada especialmente a un encuentro nacional italiano de Arte Terapia. Este viaje ha sido espantosamente duro porque, antes de la partida, en ese contacto permanente, espiritual y físico con mi madre, ella me dijo que la estaban esperando sus padres y un hermano mío que ya había partido. Me decía: *"No me siento, hay, algo dentro de mí que me dice que no soy la misma. He visto en el mar una ola que se transformaba en paloma."* Yo sentía sobre mi piel, dentro y fuera, que nos estábamos despidiendo, mi cuerpo lo sabía y quise participar, en forma inconsciente, el calor de su cuerpo.

Antes de partir me puse en su cama, la abrazaba, sentí su calor y ella me decía dulcemente *"mamá"* a mí y yo la acunaba como si fuera mi hija y yo que no sé hablar *idish* me venían las palabras, las dulces palabras que ella me decía cuando era chica pero en *idish*; yo se las decía a ella: *"Mi hija querida, cuánto te amo."*

No pude llegar a volverla a ver viva; quizás ella no lo quiso.

La siento pegada a mí; la veo, pero su cuerpo ha partido; tenía ella noventa y seis años.

Yo soy su pierna, sus dos piernas que nunca han danzado. Su pierna rígida sin rótula está en todo mi cuerpo móvil y yo soy la pierna de mi madre que danza, ella fue la que me indicó el otro camino donde estoy, el camino de reconocer en la inmovilidad del otro la posibilidad de decir *"sí puedo"*.

Me indicó el puente, únicamente con amor uno puede entregar al otro la posibilidad de crecer. Yo estoy, creciendo y ella me enseñó el camino.

Toda mi vida ha sido y es etapas donde voy cumpliendo mi propio destino. Cuando mi madre se iba, yo estaba en Florencia en una mesa redonda; cuando comencé el congreso, hablé de qué pasa con la piel cuando se interrumpe. En ese momento mi madre se estaba yendo. He sentido en Florencia cómo mi cuerpo se endurecía y tuve miedo.

El grupo de Florencia, Lilia Bertelli, la profesional que dirige el Centro Creativo de la Danzaterapia, a la que he formado, me hizo un homenaje increíble. Enorme cantidad de alumnos de toda Italia, que participaron en distintos cursos, estaban reunidos, y en un trayecto largo de más de quinientos metros cuadrados —que es el estudio de Danzaterapia que lleva mi nombre en Florencia— diferentes bailarines profesionales descubrían, como en un laberinto, danzas, en una comunicación insólita, hasta llenar el espacio donde impartí yo tantas clases.

El espacio me llamaba y desde mi piel empecé a sentir la fluidez. Mi cuerpo comenzó a danzar sin música diciendo únicamente y repitiendo yo la palabra **gracias, gracias, gracias.** Dancé **gracias** sintiendo que cumplía un ritmo milenario en donde mi madre se unía a mi piel, que es la piel de todos.

Un poema...

El puente

Entre ahora y ahora
entre yo soy y tú eres,
la palabra *puente*.

Entras en ti misma
al entrar en ella;
como un anillo
el mundo se cierra.

De una orilla a la otra
siempre se tiende un cuerpo,
un arcoiris.

Yo dormiré bajo sus arcos.

Octavio Paz

II

Por qué quiero unir
dos etapas, 1980-1997

Porque creo en la continuidad y, cuando lean esta primera etapa, realizada en el '80, verán un hilo conductor que une estos años donde la creatividad y las búsquedas me han enseñado a reconocer mis límites para aprender a dar...

III

La danza visionaria de María Fux

En aquellos años de Orión, tan lejanos y, sin embargo, siempre presentes en el corazón, tuve el privilegio de conocer a María Fux, que es decir, en su caso, no sólo la humana comunicación por la amistad, sino la presencia del mundo fascinante de la danza que amanecía en ella con un fervor indescriptible y que después, al paso del tiempo, alcanzó el más alto sentido: ser *misión*. Y en este libro la bailarina nos da variados testimonios de una vida entregada totalmente a los misteriosos ritmos que sólo un cuerpo irradiante puede darnos y, en consecuencia, provocar transformaciones en nosotros, los espectadores. Por eso, no es azar que a ese rememorar emocionado lo titule María Fux *Danza y experiencia de* vida. Ciertamente, sobre los virtuosismos de una danza meramente decorativa, ella sintió, desde los comienzos mismos, la urgencia de encontrar esa *palabra* que sólo puede nacer del movimiento, de las pausas, de la música y del silencio. Pero, para dar con esa *palabra,* con su imperativo íntimo que pide encarnar en visuales realidades, ¡cuánta peripecia, cuánta lucha contra la indiferencia, contra la soledad y la incomprensión de los aferrados a los clásicos valores, al parecer definitivos!

María Fux fue y sigue siendo heroica, por hacer ver, y después saber enseñar, el lenguaje inspirado de su cuerpo libre, capaz de suscitar en otros cuerpos pareja espiritualidad. Por eso, repito, María no sólo nos da la expresión variada y audaz de su danza, sino que posteriormente sintió la *misión* de comunicarla a los demás. ¡En cuántos lugares de nuestro país, en cuántas naciones presentó, con esa obstinación que sólo da la fe, su jubilosa religión de la danza! ¿Cómo lo hizo? Al principio, con los medios más precarios, donde ella hacía de todo para armar curiosos "escenarios", allí estaban la bailarina, la coreógrafa, la escenógrafa, la tramoyista, la electricista... Así fue promotora de espectáculos increíbles, como aquel en que bailó ante el tremebundo silencio estático de los indígenas de Jujuy, al fin ganados por su danza, episodio que ella recuerda con tanta gracia en este libro. O el encuentro con la majestuosa y al principio distante Martha Graham en Nueva York, y el posterior reconocimiento que le brindó la famosa bailarina. Sus inauditas penurias económicas: la gemebunda pobreza. Después el encuentro en Rusia —el país de la gran danza clásica—, primero la indiferencia, después la burla y, finalmente gracias a su pasión, la valoración y el aplauso por su talento.

Es heroica María Fux, y lo es por su obstinación, no nace de una simple terquedad, sino de una iluminación que la visita y le da un aire espiritual, tan distinto al aire físico. Sólo así podemos explicarnos su gran capacidad de trabajo, su inquietud constante, su auténtico entusiasmo por ese arte máximo que se llama comunicación o la vida de relación en cuerpo y alma. Sabe del cansancio que surge de la lucha cuando el arte aspira a transfigurarse en vida. Pero el monstruo de la pesadez nunca pudo ni puede con ella.

Un día siente —los que tienen *misión* son siempre atraídos por complejas cuestiones—, siente que la incita esta vez el tremendo problema de los sordomudos, hay que despertar el sentimiento de la danza en ellos, que aprendan insólitamente a escuchar sin oír, claro está, los ritmos secretos a través de un nuevo alfabeto o lenguaje que ella inventa, y con gran tacto va haciéndose entender hasta lograr éxitos sorprendentes. Otra vez el mundo terrible, el oscurísimo mundo de los alienados encuentra en su danza un sentido liberador, les da una milagrosa terapéutica o, según sus palabras "una danzaterapia". Todo, todo el libro es la historia de una vida enamorada de ese arte fantasmático que es la danza. ¿Por qué fantasmático? Porque así como es presencia total, en cuerpo y alma, en la expresión, también la fugacidad y la disolución es su melancólico destino. Sólo queda de la danza, de sus pausas y movimientos, que nacen y desaparecen, el luminoso recuerdo en algún espectador privilegiado, aquel que se enamoró de la visión que fue y la recrea, una y otra vez, en el misterio de la reminiscencia. El artista de la danza lo sabe y María Fux lo dice al comienzo mismo del libro con estas palabras algo desoladas: "Desde hace años tengo la idea obsesiva de dejar algo más que mi danza que se deshace en el aire una vez finalizada..."

Ese *algo más* que nos quiso dejar la notable bailarina es este libro, donde el espíritu de su danza confiesa su nacimiento, su plenitud y... su volver a nacer. Porque, contra lo que puede creerse, éste es un libro de afirmación de vida, no un relato de nostalgias. Quien ha multiplicado en tantos seres la incitación a danzar, ¿cómo podía despedirse así? De ahí que su último recital en el Teatro General San Martín lleve este título aparentemente contradictorio: "Despedida para comenzar." Aparentemente, digo, porque ella se despide de su espléndido período de bailarina solista y va a comenzar con su entusiasmo de siempre las experiencias extraordinarias en grupos humanos que ansiosamente la esperan en diversos sitios de nuestro país y en otros países. Aquí y allá. ¿María, dónde estás?... Aquí y allá.

María Fux nos dice que el cuerpo y su yo deben comunicarse. Es su idea y yo meramente la repito, pero la diferencia fundamental consiste en que ella la encarnó admirablemente en realidades de vida en otros seres, los cuales, gracias a esa entrega, generosa y sensible a la par, pudieron descubrirse a sí mismos, verse de otra manera en el espejo fiel que ella les presentaba, en el espejo fascinante que es ella misma. Hacia el final de su libro, María descubre la esencial relación entre poesía y danza —en el fondo una misma expresión: poesía transcripta a un cuerpo—, entonces nos habla de esa relación con estas palabras: "Tuve la idea de la respuesta que un poeta y una bailarina reciben cuando están unidos en un mismo mensaje veraz, que puede ser comprendido por todos."

Es que en el fondo ambas expresiones —poesía y danza— tienen una raíz común. ¿Qué es la danza? Poesía encarnada en los íntimos impulsos de un cuerpo, en sus ritmos y gestos. ¿Qué es la poesía? La fluencia imponderable que hace nacer imágenes al conjuro móvil de las palabras que crean la metáfora. Con todo, el enigma de su *nacimiento* sigue intacto...

Y aquí terminan (provisionalmente, de acuerdo con el espíritu de la autora) estas palabras de un antiguo admirador de María Fux como gran bailarina y también admirador de su condición humana superior, vale decir, de esa condición que sabe hacer de su arte encantador algo mucho, pero mucho más que un espectáculo vistoso: *vida para todos.*

Ernesto B. Rodríguez
Crítico de arte

IV

Mi encuentro con la danza

La danza ha sido siempre para mí una necesidad de dar algo, de expresarme y encontrar un punto de vinculación con la vida que me rodea. Por esta razón se presentó en mi existencia con idéntica valoración, con el mismo sentido y naturalidad que el hablar o el caminar.

Comencé a ser yo misma en la danza cuando inventaba con cualquier música, quizás a los cuatro o cinco años; recuerdo que aquel invento de improvisación tenía tal fuerza, que me llevaba a convertirme en la bailarina, en toda reunión infantil, entre chocolates y tortas y espectadores de mi edad: allí yo transformaba esa improvisación en el espectáculo del cumpleaños.

No pensaba ni soñaba más que en danzar. Pero la palabra "danza" era una temible mala palabra en los oídos de mis padres, quienes aspiraban buenamente a verme proyectada en otro futuro.

Aquel problema mío de entonces es un problema eminentemente social y que aún hoy existe en muchos hogares. ¿Por qué los padres temen tanto la danza? Por la mala información y educación recibidas y por desconocer que la danza o el arte significa, para una niña, una exploración profunda de la vida.

Indudablemente, hablo de la danza contemporánea, porque el conocimiento o la formación estética del niño actual por medio de una enseñanza clásica codificada y decantada, después de 300 años, no puede darle un camino de creación, sino un tecnicismo lleno de dificultades físicas que restringen y dañan su mundo mental, emocional y físico.

Enseñar a un niño la danza en su forma clásica, partiendo de la idea de que la culminación del movimiento es el equilibrio en la punta del pie, es una limitación, pues se recurre a la vanidad y a los elementos externos a la danza, conformando una técnica de desarrollo contraria a su evolución natural.

A los quince años la influencia de un libro que llegó a mis manos, *La vida de Isadora Duncan,* fue decisiva en esa búsqueda abierta que sentía palpitar dentro de mí a través de tantas improvisaciones. Descubrí que, además de la danza clásica que estudiaba, existían otros caminos desconocidos que se fueron poblando de Isadora. Ella simbolizó mi cauce hacia la libertad. Traté de buscar otros medios que estuvieran dentro de mi cuerpo, sin centrar mi preocupación en aquellas piruetas o en equilibrio en la punta del pie que estaba aprendiendo.

Así fue como aprendí a encontrarme con nuevas músicas que no eran las clásicas. Intuitivamente llegué al impresionismo y a la naturaleza de Ravel, Foret, Debussy y Erik Satie, quienes consiguieron desmoldarme, sentir mi cuerpo en un mundo de imágenes nuevas. Empecé a bucear, a escarbar en el mundo del silencio puesto que por primera vez surgían en mí formas sin sonido que me daban impresión porque no se apoyaban en la música, que eran danzas nuevas. Esas danzas en el silencio fueron puente de comunicación que me ayudaron años más adelante a encontrarme a través del espacio con el sordo.

La conexión con el mundo cultural que me rodeaba

tuvo gran influencia en ese período de mi adolescencia. El movimiento de la joven pintura argentina, los componentes del grupo Orión, pintores, grabadores, escultores, poetas, influían en mis trabajos. Sus conversaciones y su labor a través del simbolismo, del cubismo y lo onírico comenzaron a poblarme de imágenes nuevas y me dieron las posibilidades de alcanzar encuentros de danza más sedimentados. Danzaba en cualquier lado, en cualquier ambiente. Dos pares de ojos, cuatro o seis, un débil "¿María, por qué no danzas?" eran un sí rotundo para mi anhelo de dar. Ese grupo de artistas fueron mis primeros espectadores, espectadores sensibles que se asombraban y vivían lo que realizaban.

Esto que estoy relatando no es sólo el deseo de mostrar el hallazgo de mi adolescencia a través de la danza, sino exhibir el proyecto de mi camino sin guías, sin maestros, en pos de esa fuerza misteriosa y pujante que brotaba sobre mi piel y que también era y es el camino de muchos jóvenes que buscan una verdad nueva.

Esos enfrentamientos periódicos con gente amiga o desconocida a modo de público, me ayudaban y me exigían pequeños recitales, donde inconscientemente debía realizar coreografías y desarrollar en el espacio movimientos organizados unidos a la música; o sin ella, donde intervenía el conocimiento de una nueva técnica que iba adquiriendo y nuevos problemas frente al espacio y al tiempo.

La generosidad y el apoyo de Leónidas Barletta, quien durante tantos años me cedió el Teatro del Pueblo, me permitieron concretar esta posibilidad.

Por ese camino entreví que tenía algo personal que entregar. Después de haber proyectado mi primer trabajo coreográfico, en forma profesional y fuera del círculo de amigos, comprendí la necesidad y me sentí obligada a un trabajo consciente, sistematizando lo que hasta ese momento había sido improvisación. El encuentro con la técnica contemporánea se produjo realmente cuando fui becada a Nueva York. La Fundación Williams me dio el pasaje y llegué a EE. UU. en 1952, después de grandes luchas: las instituciones que podían pagarme el pasaje —yo era terriblemente pobre— estaban ansiosas por becar a científicos y técnicos, y no a una joven bailarina que tenía 10 años de danza en el Teatro del Pueblo y que quería estudiar con Martha Graham para aprender por fin esa técnica buscada.

Llevé mis maletas, un viejo tocadiscos y mis discos de 78 revoluciones, en donde yo tenía todo mi repertorio. Un viejo baúl prestado por una amiga apretaba mi vestuario hecho de cortinas, y otras telas increíbles, hechas por las manos de mi madre; y latas de leche, *corned beef,* café; comidas que mis amigos me traían como regalo de despedida.

A mi llegada me esperaba un tío, y se extrañó de verme con tal equipaje. Lo primero que hice fue presentarme en el estudio de Martha Graham (con cuya secretaria me había carteado) y le pedí la posibilidad de una beca: no me fue concedida. Al llegar, ella me dijo secamente el precio; no había alternativas. Me anoté y pedí a mi tío dinero para pagar la primera semana de clases; me dispuse a conseguir trabajo para mantenerme y devolver ese préstamo. Lo obtuve mediante amigos de Aerolíneas Argentinas, en la Quinta Avenida: me dieron el lugar del último pinche, pues yo, ilusa, llevé, como presentación para el gerente, mi carpeta de danzas a lo largo de 10 años en Buenos Aires. Me fui a vivir sola y comencé realmente mi vida en Nueva York, que duró un año. Trabajaba de nueve de la mañana a tres de la tarde y tenía media hora para almorzar un trozo de torta y un café con leche y, a veces, una hamburguesa. Estudiaba de cuatro a ocho de la noche. Y al otro día recomenzaba. Quiero contar esto porque pienso que es importante saber que siempre he deseado tener maestros y que la búsqueda de ellos siempre fue terriblemente dura. Mi ilusión era estudiar, estudiar con Martha. Pero ella no daba clases en aquel grupo elemental en el que empecé a aprender qué era una contractura o un estiramiento. La clase estaba impartida por una de sus ayudantes y mi inglés era tan pobre que, al no poder comprender bien las palabras, aprendía en forma muy limitada y muy angustiosa. Cuando acabé ese primer curso y pasé al siguiente, en donde ya tenía contacto directo con Martha, comprobé que ella estaba en la cima de una montaña. Era imposible hablarle y la atmósfera que se creaba a su alrededor la hacía parecer una diosa. Sin embargo, mi pequeñez y mi fuerza de voluntad eran iguales. Sabía para qué estaba en EE. UU. Había dejado a mi hijo de siete años y mi vida en la Argentina por algo tan importante como ir al encuentro de la técnica. ¡Oh, ilusa de mí!, quería que Martha viera mis coreografías —yo sabía íntimamente que tenían algún valor— porque necesitaba la opinión de una artista como ella para seguir evolucionando. Con Martha era imposible dialogar; yo había pasado un año muy duro en que sentí la soledad de los míos y la falta de alimentación (los 45 dólares semanales que ganaba debían pagar mi pieza, los viajes, la comida y las clases). Un día, durante una de las clases, con exceso de esfuerzo, transpirando en abundancia y minada por una gran debilidad, me desmayé. Entonces, finalmente, ella reparó en mí. Me mandó a decir por su asistente que no le pagara más y que comiera carne, ya que los argentinos no podíamos vivir sin ella. Así conseguí la beca en su estudio.

Se iba acercando la fecha de mi partida; había pasado ya un año. En ese tiempo pude conocer el Departamento de Español en varias universidades: New York University, Columbia, y varias otras donde, a cambio de comer y dormir, podía danzar para ellos los fines de semana. Cada lunes recomenzaba mi trabajo en Aerolíneas, las clases y mis sueños con el mismo fervor que mis danzas.

Un día, al salir de una clase, por fin la gigantesca, inalcanzable Martha Graham, quedó a solas conmigo. Fue en el ascensor. Entonces, en mi entrecortado y mal inglés, le supliqué —sólo faltaban unos días para volver a la Argentina— que viera mis danzas. Accedió, mirando su reloj: me concedía media hora al día siguiente. Ésa fue una noche infernal, revisé *in mente* cada una de mis danzas y todas me parecían muy pobres. Por fin, llegó el momento. Ella me esperaba y yo, con mis discos rayados, comencé a bailar frente a Martha.Ya no me importaba nada, era mi meta. Ella, la que tenía la sabiduría de la danza, ¡miraba realmente!

Sin fijarse en su reloj, fue pidiéndome más y más, hasta que, después de una hora, yo ya no tenía más que darle y me senté en el suelo frente a ella.

Entonces, con su voz gutural, me dijo pausadamente: "Eres una artista, no busques maestros fuera de ti. No tengas miedo de hacer danzas teatrales, eres actriz. Continúa hacia adentro de ti lo más que puedas. Vuelve a la Argentina y no esperes nada de maestros. Tu maestro es la vida." Comprendí su idioma y ahora, después de muchos años, sus palabras tienen vigencia en mí y sigo buscando.

V

La danza en la universidad

Siempre deseé dar mi experiencia con la danza, no en el nivel de estudio privado, sino en el nivel de la enseñanza común, desde el jardín de infantes hasta la universidad. En cada cambio político que se producía en el país, mi esperanza dormida se renovaba. Así fue cómo en 1960, después de acudir con montones de papeles que se convertirían en expedientes, después de ver al entonces rector Risieri Frondizi y de invitarlo a espectáculos y seminarios, vi finalmente realizarse mi sueño. En la universidad podía crearse un curso experimental para desarrollar la danza contemporánea y organizar en el futuro un ballet de cámara de la universidad, como el que hay en México y en Chile. Después de múltiples complicaciones, el seminario comenzó. Por entonces ya estaban funcionando, desde hacía tiempo, departamentos de teatro, cine y música. A mí se me nombró directora y profesora del Departamento de Danzas, que ni siquiera tenía en ese momento un lugar físico para dictar las clases. En el primer llamado a inscripción hubo trescientos postulantes y esto dio respaldo a lo que yo venía afirmando: la necesidad que tiene el alumno universitario, que hace una vida estática, de conocer el movimiento como posibilidad contrastante para utilizar su inteligencia y su cuerpo de otra manera. Pero seguíamos sin encontrar un lugar para dictar el curso. Por fin, en lo que hoy es el Hospital Escuela General San Martín, me dieron una sala que podía compartir tres veces por semana durante tres horas. El alumnado era cuantioso y necesité de otra profesora, pues yo sola no me bastaba. Elegí a Cecilia Boullaude y comencé el trabajo con mucho entusiasmo.

Mi cabeza trabajaba más rápidamente que el reloj y me veía ya como coreógrafa de ese ballet que surgiría de los claustros universitarios; la realidad se encargaría de demostrarme cuán equivocados eran mis sueños. Las condiciones del trabajo eran todo lo adversas que se pueda imaginar; los sueldos magrísimos no compensaban el intenso trabajo que realizábamos con Cecilia, ni las cintas magnetofónicas que yo debía grabar y llevar, o los grabadores, o todos los elementos necesarios para el mejor rendimiento de los grupos, y que eran, por supuesto, aportados por mí. La realidad de una universidad en donde faltaba el espacio vital para mi trabajo me limitaba permanentemente: no había baños, no tenía la llave del lugar en el que daba las clases, se superponían horarios. Las cosas llegaron a ser tan hostiles, que me vi obligada a formular un planteo: si no me proporcionaban un lugar adecuado para el seminario, éste se clausuraría. Tenía que ser un lugar muy grande, y donde fuese posible utilizarlo entre las 7 y las 10 de la noche. Debí encargarme personalmente de la búsqueda; recorrí Buenos Aires, visité infinitos estudios de danza y salones en alquiler hasta que alguien me dijo que en la calle Sarmiento estaba la sede de la Asociación de Panaderos, provista de un gran "salón para fiestas", que podía utilizarlo para lo que yo quisiera. Fui a hablar con la gente de esta Asociación; se sorprendieron bastante con mi pedido, pero pudimos llegar a un acuerdo y alquilé el lugar. Allí el seminario siguió durante 4 años, entre las miradas atónitas de los panaderos que llegaba a realizar sus trámites y se encontraban con gente joven en mallas de color. Sin embargo, respetaron siempre mucho mi trabajo.

Conservo algunas películas filmadas en aquella época, donde aparecen aquellos tres grupos divididos en cursos de iniciación, elemental y superior. Mientras tanto, la universidad cambiaba de rector y tuve que convencer entonces al nuevo acerca de la importancia de la danza. Nuevamente debí redactar informes, llevar más papeles, aguardar nuevos expedientes. Y otra vez buscar un local adecuado para las clases, pues los panaderos decidieron no alquilar más su salón. Recalamos entonces en un estudio de danzas. Allí organicé un pequeño grupo de cámara de 25 personas, algunas de las cuales son hoy bailarinas profesionales o gente de teatro. Marilú Marini, Juan Falzone, Ana Kamien nacieron de ese grupo y hoy siguen caminando con sus propios pasos. Pero lo más importante fue que, con este grupo, pudimos dar clases ilustradas sobre la importancia de la comunicación a través de la danza y su relación con la música. Creo que en las facultades de Filosofía, Medicina Odontología y Ciencias Físicas y Matemáticas perdura aún —en esos recintos solemnes que transitamos de una manera insólita con nuestras danzas— algo de lo que llevábamos como mensaje. Algo sigo creyendo hoy: la universidad tiene que tener su facultad de artes. Porque un profesional cualquiera —médico, odontólogo o educador— debe reconocer su mundo sensible. Para evitar algo tan común en nuestra época, que muchos —tantísimos— profesionales compren cuadros porque eso significa una inversión o vayan a un concierto porque da *status*, y no lleguen a sentir nunca la maravilla de descubrir plástica, musical y corporalmente el mundo sensible que está en ellos mismos.

Este sueño ambicioso tuvo su fin, no por mi voluntad sino a causa de las circunstancias que vivía el país. En

1966, "la noche de los bastones largos", todo el grupo de profesores renunció masivamente. Mi seminario —mío a pesar de que no me pertenecía— se vino abajo, como se vinieron abajo muchos valores tan importantes de aquel grupo de gente que enseñábamos en la universidad.

He sido siempre solidaria —lo sigo siendo— con los movimientos que creen en la justicia y en la verdad. Por eso, mi firma fue bien dada, aun cuando nunca encontraré consuelo por la muerte de aquella hermosa iniciativa que espero pueda renacer algún día.

VI

El silencio puede ser danzado

El espacio que nos rodea es un elemento vivo y puede convertirse en algo sensible si utilizamos nuestro cuerpo como instrumento. Las músicas más primitivas o las contemporáneas pueden ser reconocidas en él, y su conocimiento adquirido por diferenciación progresiva de elementos contrastantes lleva a la unión de la música con el movimiento, enriqueciendo nuestro mundo interior. Pero existe también el mundo del silencio y el silencio puede ser danzado.

Para nosotros, oyentes, tal vez esa posibilidad sea difícil de comprender porque nuestro silencio es un lujo. Lo realizamos cuando queremos, pero jamás es total. Nuestra memoria auditiva lo hace imposible: no nos permite olvidar voces, ruidos, palabras o músicas.

Hablemos del otro silencio. Del silencio real, de cuya existencia tengo conocimiento por mi proximidad con gente no oyente. Ellos sí conocen el camino movilizador del cuerpo a través del silencio; han escuchado su respiración y el ritmo de su sangre, y han conseguido transformar su propio movimiento en danza.

Quiero contar de qué manera la vida me brindó el encuentro con una niña sorda junto a la que pude penetrar en el mundo maravilloso del silencio.

Fue en forma casual. Después de haber realizado un espectáculo, invitada a una reunión por la gente que había organizado el recital, me encontré con una criatura de 4 años con unos ojos negros poblados de miedo. Me interesé por sus ojos despavoridos y entonces me dijeron que era sorda. Mi piel se enfrió repentinamente, me sentí impresionada. "Quizá pueda ayudarla", me dije, y este pensamiento me llevó a proponer a sus padres que me la llevaran al estudio una vez por semana. Consideraba que por el camino del silencio, donde yo había realizado danzas, podía quizás encontrar a esta niña de ojos negros y acaso ella podía expresarse a través de su cuerpo.

Comencé con ella un largo aprendizaje. Frente a Leticia me di cuenta de que yo misma tenía tanto miedo como ella. Comencé el primer encuentro realizando movimientos pantomímicos que ella miraba muy seria y ligeramente espantada de mi exuberancia y mis deseos de acercamiento. Advertí que por ese camino no podría sacarla de sus tremendos gritos y su desinterés; en los siguientes encuentros entonces intenté movilizarla a través de mis danzas y no por el camino de la imitación. Mis sucesivos fracasos me alentaban a proseguir; la angustia de su mirada me perseguía a lo largo de la semana y me hacía luchar para tratar de comprenderla. En nuestros encuentros, yo trataba de estimularla mediante danzas hechas especialmente para ella: así, utilizaba elásticos de color, globos y pelotas.

Notaba su interés en verme pero no en realizar movimiento alguno. Comencé a sentir su atención y un interés paulatino que fue haciéndose presente en ese silencio agresivo y afectuoso. Conocía también mi otra imagen, puesto que me había visto danzar en teatro y en televisión.

Para cerciorarme de hasta qué punto podía interesarle la danza, le compré zapatillas y una mallita azul, y le pedí a su madre que me informara dónde colocaba esta ropita y cuántas veces la sacaba. Días después tuve una respuesta: la guardaba bajo la almohada. Esto aumentó mi perseverancia, pues sabía ya que, a pesar de sus gritos desgarradores y su permanente irritabilidad para conmigo, la niña tenía dos facetas: la que no alcanzaba a comprender por sus gritos y la afectiva representada por las zapatillas y la malla, que guardaba tan celosamente. Su agresión, que duró 6 meses, se fue disipando lentamente, hasta que un día besó mi figura, que aparecía danzando en el aparato de televisión. Allí vislumbré que algo profundo nos unía ya. Sus respuestas fueron más tranquilas a medida que las clases se sucedían, su vida cerrada al sonido empezaba a tener sentido hacia el movimiento. Un día llegó muy excitada para contarme algo que yo ya sabía: había nacido una hermanita. Por intuición llevé la imagen del bebé a mis brazos y el movimiento de balanceo o de mecimiento que yo hacía frente a ella acunaba la imagen de lo que ella quería expresar con su boca que nunca había pronunciado una palabra. Lentamente se acercó a mí y el milagro se hizo; la palabra, junto con el movimiento que se expresaba en mí, se unió a su boca. Y "ne-ne" fue la llave, entre el pensamiento abstracto y la expresión del cuerpo, en donde las dos comenzamos a encontrarnos. De allí nació una serie de movimientos que, vinculados siempre con la palabra que nos movilizaba, fueron para la niña y para mí puentes de descubrimiento. Nunca más utilicé el recurso mimético; en cambio, busqué la comprensión que, a través de su inteligencia, se abría con palabras lentamente vocalizadas y unidas al movimiento. Por ejemplo, cuando yo pensaba en agua nos acercábamos a una canilla a medio abrir, o abierta; de este modo, le hacía notar los ritmos del agua que caía: nos mojábamos la cara, bebíamos en las palmas y el agua se hacía luego presencia, cuando trabajábamos sobre el espacio en una palabra emitida no sólo por la boca sino por su cuerpo. De ahí al mar; a movimientos envolventes y ondulantes; mar con viento, mar tranquilo, mar corriendo y todo lo que el movimiento ondulante y los ritmos que aparecían nos daban la posibilidad de movilizar, la palabra siempre unida al movimiento. Esa experiencia siempre realizada con Leticia llevó un año; una vez por semana y a solas, hasta que me di cuenta de que era necesario encauzarla hacia el grupo en donde yo trabajaba con niñas de su edad.

Su encuentro con el grupo fue desgarrador. Le resultó doloroso verse obligada a aceptar que yo no le pertenecía a ella en exclusividad y comprobar que los niños asistentes a las clases conocían también el vocabulario que ella creía único. Comenzó una regresión, llenó de gritos penetrantes y agudos las clases, dejó de participar y terminó rechazándome con violencia. Los otros chicos del grupo, todos oyentes, observaban con sorpresa, y ciertamente extrañados, la presencia de Leticia, sus gritos, sus gruñidos. Entonces, entre movimiento y movimiento, les expliqué que esta nena venía de un país lejano, donde no se hablaba nuestro idioma y que debíamos enseñarle nuestra danza. Así las clases siguieron adelante y, a lo largo de semanas y semanas, Leticia siguió sin encontrar la continuidad conmigo y con el movimiento. Pero llegó el día en que observó la clase sin gritos y se acercó lentamente, me enfrentó sonriendo y con la convicción de mi cariño, revelado por la aceptación de sus gritos, de su rabia y ahora de su cuerpo deseoso de moverse con las otras chicas.

Ella es ahora una mujer bella y alegre que danza en el estudio y que ha realizado varios espectáculos como bailarina profesional, conmigo y con chicas oyentes y no oyentes.

Desde esta experiencia han pasado ya muchos años; nunca más dicté clases a niños sordos separados de un grupo oyente. Creo en la integración de la gente no oyente y en la posibilidad que tienen de comprender y captar visualmente las posibilidades que pueden desarrollarse en ellos por medio de golpeteos, vibraciones, percusión y todas las movilizaciones que realizamos con claridad en el espacio. Con esos movimientos es posible expresar la necesidad tremenda de comunicación que se tiene cuando ésta no puede realizarse mediante el lenguaje.

Cuando estoy frente a un grupo en donde hay niños y adolescentes no oyentes, hago bien visible la experiencia rítmica que existe en mi movimiento y utilizo procesos muy primitivos: golpeteos de tiempos fuertes y débiles dados en mi cuerpo, luego en el piso a través de mis pies o de mis manos, golpeteos suaves. Lo importante es reconocer con la imaginación todo lo que puede aportar uno en forma siempre original, la posibilidad de que el cuerpo sea el que produzca el ritmo. Yo danzo siempre para ellos y nuestra comunicación se establece en un plano de igualdad porque todo está llevado a estimularlos para que se expresen sin temor. Si yo permaneciera más arriba enseñándoles sólo en forma mecánica o en forma de exposición, jamás se moverían porque no se plantearía la necesidad. La impregnación para los no oyentes tiene que ser intensamente movilizadora porque no tienen el apoyo auditivo y el cuerpo debe sentirse pleno de energía creadora para impulsarlo a la necesidad en donde pueda reconocerse. El primer impacto con el no oyente es que él se interese por proyectar y darse cuenta de que su cuerpo, es un *instrumento de lenguaje.*

Trato en todo momento de hacerles sentir que expresarse a través del cuerpo es como hablar y que para ello no necesitamos estímulos externos. Para ser más clara y para que mi idea se comprenda sencillamente, diría que el trabajo no es mimético sino que, una vez visualizado el ritmo que va aportando el grupo en la clase (por ejemplo, si comienzo con líneas fuertes y débiles, suaves y pesadas), coloco las posibilidades en el grupo para que se reproduzcan en frases claras y que el no oyente visualice con rapidez eso que ellos luego van a expresar como ritmo no audible en su improvisación.

Empezamos sobre esta base para luego desligarnos de reconocer otros ritmos que van acoplándose a la imaginación a medida que el cuerpo adquiere esa técnica de reconocimiento, a través de sí mismo y en relación con lo se quiere decir. El camino de la danza es la verdad; el cuerpo no engaña cuando se expresa.

Siempre busco imágenes reales que traduzcan el pensamiento vivo y que nos conduzcan a la libertad creativa. Cuando los niños o los adultos descubren el deseo de ver su imagen en el espejo, les explico que el espejo está dentro de nosotros. Buscamos la vertical y en esa búsqueda vamos al equilibrio de cada uno de nosotros.

Acaso surja la pregunta de si estas ideas no resultan imposibles para la comprensión por la falta de audición de las chicas no oyentes de tres años. Mi experiencia me dice que no; a esa edad un círculo que dibujamos en el espacio, y que soplamos para que se transforme en globo y desaparezca luego, nos acompaña toda la vida. Redonda es la Tierra y no se desvirtúa su significado si a los tres años la expresamos por medio del dibujo elemental de un globo.

Cuando el grupo integrado trabaja, oyentes y no oyentes, sobre ritmos africanos en donde el elemento auditivo está constituido por tambores y cantos, yo hablo y reproduzco el tambor en el aire; y éste puede realizarse también con cualquier parte de nuestro cuerpo y en cualquier lugar del espacio. Son movimientos percusivos que llevan a toda la clase al reconocimiento de formas que se traducen luego en sus propios movimientos de percusión en donde el no oyente realiza su ritmo.

VII

Viaje a un mundo diferente

Estas experiencias se tradujeron en que, en uno de mis últimos viajes a Londres, me invitara un médico argentino residente allí a la Arooth Association. Ésta constituye una llamada "comunidad en crisis", que trabaja especialmente con enfermos mentales; un lugar donde los médicos y los enfermos viven en una continuidad sin consultorios; allí no hay puertas cerradas, ni drogas, ni electroshocks. Vi entonces la oportunidad de aplicar la experiencia vivida en mi país para movilizar a un grupo de enfermos, no en un estudio sino en un lugar como el que encontré: era una casa inhóspita. Llevé allí mis diapositivas y enseguida comprobé que nadie me esperaba. Un desorden total reinaba en la única habitación grande que servía de *living* y comedor. Había zapatos tirados, un colchón en el piso, ropas y abrigos por todas partes, y una mesa grande de madera oscura que ocupaba casi todo el cuarto; a su alrededor, la gente hablaba entre sí mientras comía alcauciles y papas hervidas con cáscara, que se mezclaban con las colillas diseminadas por el piso.

Observé todo, en especial a ese grupo de 20 personas en donde enfermos y médicos resultaban irreconocibles. Por fin, se me acercó un hombre de mediana edad, con una expresión de agotamiento. Se presentó como un gran poeta francés, me dijo saber que yo era bailarina y, por eso, quería ofrecerme sus libros de poesías que hablaban de danza. Me miraba ansiosamente, con sus ojos grandes, sin fondo, y yo me replegaba, entre asustada e incrédula. Más tarde, cuando volvió con dos libros con su foto en la contratapa, donde estaba casi irreconocible, convertido en la sombra de aquel que era ahora, descubrí que todo lo afirmado era cierto. Era, efectivamente, un poeta francés bastante conocido y respetado; su problema era la drogadicción y solía recurrir a la comunidad cuando se sentía en crisis.

¿De qué manera podía ayudar en algo a esa gente una bailarina? ¿Qué posibilidades reales tendría mi trabajo de movimiento en relación con el enfermo mental?

Esperé todavía una hora antes de comenzar una pequeña charla sobre mi experiencia en danzaterapia. Iluminé después una pared con el proyector y comencé a poner un poco de orden en esa habitación sucia. Barrí, arreglé las ropas y dejé un mínimo de espacio para moverme.

Le pedí a mi amigo, el médico argentino, que tradujera mis palabras, pese a que la gente, sentada en el suelo, parecía abstraída, ensimismada. Por medio de las diapositivas, comencé mostrando a esos queridos "niños" de mis experiencias psicoterapéuticas; mi entusiasmo y mi emoción fueron acercando a la gente, que se ubicó en silencio a mi alrededor. Fue una charla de una hora. Por el silencio que guardaban, supe de su atención. Al terminar, me sentía tan cargada por el clima que allí se respiraba y por la larga y nerviosa espera que había soportado, que necesité ofrecerles mi danza. Decidieron quedarse a verme, aunque ya se había excedido la hora en que se acostaban, y dancé sobre un tema musical de ritmos silábicos muy primitivos y en un espacio muy pequeño. Pero mi fuerza y mi necesidad de descarga eran tales, que les pedí bailaran también ellos y, moviéndose con naturalidad, comenzaron a hacerlo. Cuando todo terminó, permanecimos mirándonos, reconociéndonos con una afectividad profunda. Se acercaron para tocarme —hay que conocer a los ingleses para saber lo que esto significa— y para pedirme que me quedara y repitiéramos la experiencia. El doctor Kohon, el argentino que me había invitado, era el que se sentía más feliz. "Lo lograste", me dijo. Desde ese año recibo, invariablemente, todos los inviernos nuevas invitaciones para clases, espectáculos y seminarios que casi siempre acepto porque constituyen para mí una experiencia excepcionalmente enriquecedora.

Si pude individualmente lograr una experiencia de este tipo, ¿qué no se podría hacer si un grupo de psiquiatras, psicólogos y psicoterapeutas conocieran la posibilidad del lenguaje no verbal cuando se expresa con vivencias profundas? En este plano, creo que es mucho lo que se podría hacer por el enfermo mental, y en mi caso siento que ha llegado la hora de contribuir con lo aprendido en estos trabajos para que este plan ambicioso se concrete. El equipo es imprescindible para trabajar en esta materia. Ojalá mis años de investigaciones solitarias despierten el interés de otra gente capaz de hacer el maravilloso descubrimiento de que el cuerpo no sabe mentir cuando se mueve.

En Lisboa tuve una experiencia insólita. Organizados por la Fundación Gulbenkian, di en 1974 algunos cursos sobre la importancia de la danza en la educación, y hubo tal interés, que se anotaron 400 personas.

Eran terapeutas, profesores de niños deficientes, músicos, profesores de educación física y musical, y algunas religiosas que acudían con sus largos hábitos negros. Todo este grupo, reunido en diferentes clases, dio lugar a un encuentro especialmente importante. Unos y otros, laicos o religiosas, iban en busca de una nueva experiencia con el cuerpo, que debían vivir en forma práctica. Pude ver con alegría de qué manera las religiosas enfrentaban el encuentro con su cuerpo y cómo sus cuerpos y cómo sus rostros se transformaban al adquirir nuevas sensaciones posibilitando, a pesar de las vestimentas inadecuadas, su expresión. Eran monjas ajenas a ese grupo tan heterogéneo y mixto, en el que, sin embargo, tanto hombres como mujeres se daban íntegros desarrollando esta experiencia. Cuando en una clase comenzó el encuentro con los propios límites a través de un desarrollo especial, vi a médicos y profesores, religiosas y padres de familia, de pronto sin inhibiciones, moviéndose como si se hubieran iniciado en un rito que los llevaba a encontrarse consigo mismos.

Esto ratifica mi concepción de siempre: es necesario volver a ese encuentro movilizador, y sólo a través de una nueva y diferente educación podremos encontrarlo.

Esta experiencia es distinta a la de Londres, pero ambas están íntimamente relacionadas. Confirman la sed que tiene el hombre de buscar y despertar las necesidades dormidas de su cuerpo.

VIII

Danzaterapia.
Fragmentos de Vida

Aquí estoy iniciando otra etapa. Con tantos pensamientos que se han hecho cuerpo, a través de estos años en que el silencio me hacía añorar el teclado de la máquina. Iniciar una etapa donde la palabra se ha formado con el cuerpo y quiere expresarse es siempre difícil; así me pasa cuando comienzo cursos nuevos, aquí en Buenos Aires, o en Milán, Florencia, Asís, Roma o Madrid.

Durante todos estos años en que no he escrito, he recogido en los grupos heterogéneos que voy formando, en mi camino con la danza, enseñanzas. Me gustaría comenzar hablando sobre el silencio y su importancia a través del movimiento.

Nosotros, oyentes, con memoria auditiva, podemos tener espacios de encuentro con el silencio, y es allí cuando el ritmo interno se hace presente para participar con el cuerpo. Pero tenemos memoria de sonidos, de música, de palabras, de todo lo audible que se nos permita.

Quisiera resaltar la importancia de esta creatividad que primero he recibido y que luego he elaborado con los grupos, donde integro siempre gente con más problemas que uno. He visto en los mismos, a través del silencio, posibilidades creativas muy importantes que se realizan con mayor profundidad por no tener apoyo musical.

El trabajo de introspección que se realiza danzando, sin otro apoyo que la respiración, hace que el grupo evolucione de una manera profunda, desarrollando la creatividad con su respiración como estímulo rítmico, no sonoro, pudiendo mostrar, sin temor, sus estados emocionales.

Pero ¿qué pasa cuando trabajamos realmente con el no oyente? Los sordos viven el silencio como un mundo permanente, total, en donde la memoria auditiva no existe. Moverse rítmicamente para alguien que no recibe estímulos audibles es muy difícil.

Yo, desde mi cuerpo y con mi experiencia de oyente, utilizo la proyección de diapositivas de cuadros de pintores abstractos para las clases con sordos.

Voy al encuentro de estímulos visuales: líneas, colores y formas, que pueden sustituir al sonido. Trato de darle al no oyente la posibilidad de que la línea represente lo que para nosotros la música; buscando en el ritmo y la forma la exploración creativa del cuerpo. De ese cuerpo que sin conocer los sonidos puede desarrollar movimientos.

Es de enorme gratificación ver a los no oyentes utilizar la línea como cosa viva. En el espacio visual de una diapositiva aparece una línea ondulante, y el cuerpo la hace suya y comienza a moverse de manera ondulante; lo mismo sucede si la línea es vertical, u horizontal o laberíntica.

¿Cuánto tiempo le toma al que se inicia, no oyente, comprender este código? ¡Es tan rápido! Al no tener soportes auditivos, la visualización de la forma, del diseño, del dibujo, es tomada rápidamente por el no oyente como cosa viva, y entonces se mueve. Como mi trabajo es en grupos, es éste el que también adquiere protagonismo y estimula. Son grupos heterogéneos, donde hay gente con distintos problemas mentales, o con síndrome de Down.

El color resulta otro estímulo invalorable. Trabajo tanto con telas enormes como con diapositivas que proyectan colores, y trato de que la comunicación que se haga con ese color se transforme en un movimiento. Por eso es tan importante no solamente comprender el silencio nuestro a través de los ritmos internos, si no de qué manera, a través de lo visual, el no oyente puede encontrar un mundo emocional para expresarse con alegría, con el color o con miedos, con todas las posibilidades que como seres humanos tenemos en nuestro cuerpo todos nosotros.

Por eso la educación del sordo debe darle un lugar importante en su comunicación corporal al color, la línea y la forma; elementos que no se deben excluir porque son un camino de comunicación creativa para el cuerpo que busca danzar.

Quiero decir ahora por qué comenzamos hablando del silencio. Creo que, en todos mis libros anteriores, a pesar de que es un tema importantísimo, no lo he desarrollado suficientemente. Siento que he dejado huecos en lo dicho hasta ahora, huecos que quisiera llenar ahora.

Recuerdo mucho un espectáculo que realicé con una joven sorda, María Fernanda, de dieciocho años, alumna mía desde hacía ya cinco años cuando lo concretamos.

En ese espectáculo, que se llamaba "Diálogo con el silencio", yo le preguntaba cómo era el silencio; y ella, con una rabia terrible, con los puños cerrados golpeándose el pecho y el cuerpo, y con los pies haciendo ritmos vertiginosos, circulares, mostraba toda su rabia por no poder escuchar, por ser sorda.

Fue muy conmovedor, inolvidable.

Mi silencio es diferente, yo lo necesito cada día. Son

espacios en donde me miro hacia adentro, donde encuentro un silencio no dramático, de paz. Puedo abrirlo y cerrarlo, es diferente. El mundo del sordo diría que es como un pozo en donde no existe el color. Por ello lo visual es de tanta importancia, porque pueden crear a través de ritmos fuera del cuerpo, de formas, como nosotros hacemos con la experiencia musical.

El encuentro con María Fernanda, el espectáculo, el diálogo que hicimos, me hace valorar, al igual que la experiencia vivida con los grupos en estos cinco años, desde que escribí el último libro, lo que he hecho durante tanto tiempo en mis espectáculos como bailarina. Desde siempre he usado en escena las diapositivas con la línea, el color y la forma, sin imaginar que mis danzas y esos recursos un día iban a tener un mensaje claro y definido para mover a los sordos. Creo que yo experimentaba conmigo misma, aún sin saberlo.

Estos canales de comunicación poco ortodoxos, y que van de mi cuerpo hacia el grupo, hacen que el clima de las clases, a través de los estímulos no sonoros, sean dinámicos, alegres. Cada uno empieza a reconocer sus posibilidades y así valorizarse, y luego sucede lo mismo en todo el grupo.

Yo observo los cambios producidos en los cuerpos, que se manifiestan poco a poco, hasta llegar al rostro y sigo esas transformaciones que hacen desaparecer los miedos, el estado depresivo, y que alejan la expresión "NO PUEDO", transformándola en "SÍ PUEDO". Indudablemente que el camino es largo, no se consigue fácilmente sacar de nuestros cuerpos las trabas para poder comunicarnos; necesitamos tiempo y continuidad.

Pero la confianza, y sobre todo el amor, son siempre un camino de recuperación.

El contacto con los otros, el ver al grupo cuando se expresa ayuda a poder sentir ese silencio que se inicia con el propio ritmo. Aunque se sea sorda, disminuye la sensación de soledad.

El grupo ha logrado así dar una respuesta válida.

El silencio puede ser danzado.

IX

Las palabras madres

En mi contacto con diferentes grupos, para tratar de ser un puente de comunicación con el cuerpo, debo utilizar palabras que resulten movilizadoras y que ayuden a niños, adolescentes y adultos a comunicarse con el cuerpo. Tienen que ser palabras muy estimulantes para las diferentes etapas de la vida y que puedan comunicarse profundamente con el cuerpo.

Palabras movilizadoras podrían ser: siento que mi cuerpo crece desde adentro - mi pie me está hablando - mis manos dibujan en el aire - siento el espacio que se mueve conmigo - quisiera crecer... crecer - soy el mar - soy el viento - mi cuerpo se suspende - no tengo peso - qué pesada soy. Transformar mi mano en un espejo que se ve con la mano derecha, desde adentro; o con la mano izquierda desde afuera; sentir un punto en el espacio, que lo podemos aprehender para hacerlo nuestro y transformarlo, unidos los puntos en líneas que se cierran y se abren, o son ondulantes, o forman diagonales, o trabajan sobre percusión, o son ascendentes, descendentes, o en círculo; donde el cuerpo se transforma y va adquiriendo libertad para expresarse o recreamos formas como esculturas en movimiento, en donde lo estático se convierte en mineral y se transforma por contraste en algas, o un vegetal que, llevado por el mar, sin tensión, capta las palabras movilizadoras que lo ayudan a cambiar.

Esa palabra madre se transforma en algo vivo y adquiere valor para cada una de las personas que están en clase, de manera original pero verdadera.

Cuando trabajo con los no oyentes, ellos miran mi boca para comprender lo que digo, la palabra que emito y ellos no escuchan; tiene que ser dicha con enorme sencillez para que se corporice y tenga movimiento.

Es muy diferente decir "la voz me mueve" mientras estamos sentados en una silla, frente a la máquina de escribir, que moverse emitiendo la propia voz y usando el espacio.

La palabra madre, la palabra que tiene síntesis, la palabra movilizadora, cobra en el cuerpo un valor de comunicación que se transforma en movimiento, en el cual la palabra emitida, sencillamente pensada, se convierte, sin música, en ritmo y en sentido de expresión.

La importancia de utilizar con precisión la palabra hace que los grupos se encuentren en ella. Un encuentro es donde puedo repetir la palabra, amplía, especialmente para el sordo y muchos de nosotros que no lo somos, es una revelación diferente de mensaje; porque la palabra ha tomado al cuerpo y la palabra es movimiento. Así el no oyente puede adueñarse de su palabra, que ha aumentado su comprensión de lenguaje, porque tiene movimiento con su cuerpo.

Quisiera relatar un encuentro con grupos integrativos, en donde había sordos, gente con cierta espasticidad, síndrome de Down; allí utilicé la palabra LÍMITE. El límite se desarrollaba primero reconociendo el límite de la extensión de nuestro cuerpo y su exploración; luego, el contacto con el cuerpo a través del límite del piso; más tarde, las paredes del estudio en donde tocábamos el límite de no poder atravesar, sintiendo la experiencia, para luego ir al encuentro del otro y a través del contacto exploramos su cuerpo en relación con el nuestro, y así nos alejábamos manteniendo también el límite entre él y yo. Y así volvíamos a contactarnos con nuestro cuerpo separado del otro, explorando nuevamente el límite donde todos vivimos y donde podemos apoyarnos para crecer.

Cuando pregunté a algunas de mis alumnas no oyentes, me dijeron con alegría, como quien encuentra la palabra justa para ser feliz: "María, sé qué es el límite." Y esto se hizo porque el cuerpo vivió la experiencia.

Creo que esas palabras madres son infinitas, como los estados emocionales que podemos desarrollar con la vida. Únicamente observándonos y aprendiendo a reconocer nuestra creatividad, nuestras posibilidades, podemos ir a encontrar esas palabras madres que están vivas dentro de nosotros, buscando nuestros ritmos para seguir creciendo con verdad.

X

María José, Sonia e Irene.
Mis raíces

En estos fragmentos de vida que se van realizando como un enorme collar donde hay hermosas perlas y algunos espacios, a veces más chicos, a veces más grandes, hoy quisiera ir al encuentro de tres personas, de tres seres importantes en mi vida.

Se han desarrollado junto a mí desde los 4 a 8 años hasta ahora; cada una está cumpliendo: Sonia, 22 años; María José, 27; Irene, 27. Ellas han crecido cerca y dentro de mí. Mientras hacían sus raíces y tomaban clases conmigo, yo veía las posibilidades que tenían y tienen, cada una, para desarrollar su creatividad. Primero las veía en ellas y luego a través de los años, con los grupos que están en mi estudio y con los cuales ellas tienen enormes posibilidades de seguir creando.

Sonia tiene una ductilidad y un encuentro especial, por amor y comprensión, con la gente con discapacidades; el encuentro que ella realizó desde el inicio ha sido siempre de inteligencia y amor hacia el otro. En mi estudio, sola, puede realizar cursos con los más pequeños o con el adulto.

De María José quizá podría decir lo mismo que de Sonia, casi seguro. Su crecimiento personal a través de la danzaterapia ha apoyado su evolución y su riquísima personalidad. Su fuerza y su comprensión canalizan las tres etapas de vida desde los cuatro años hasta el adulto.

Estas queridas alumnas formadas a mi lado, creciendo y siendo brazos como raíces que se suspenden en el espacio, con una enorme raigambre y fuerza para hacer crecer con alegría, que es lo que me dan estando cerca de mí durante tantos años; ayudándome con mi alumnado, haciendo vivir la danzaterapia en un entorno de creatividad y amor.

Creo que, en estos fragmentos de vida, debo dar pie a sus propias palabras porque quizás, cuando ustedes lean este libro, puedan darles la dimensión de sus ricas personalidades.

Dice Sonia

"Querida María:

Siento una enorme felicidad de estar en este camino tan maravilloso como es el de la danza y la danzaterapia.

Como ya sabés, crecí con esto y las cosas me fueron sucediendo con naturalidad y sin darme cuenta.

Desde apenas mis cuatro años de edad comencé a sentir —gracias a vos— que la vida estaba para amarla; que existían caídas y recuperaciones; que dentro teníamos distintos ritmos que se convertían en continuidad.

Fue así como cuando apenas tuve 16 años me diste una clase a mi cargo en tu estudio, enorme responsabilidad para mí, y así comencé otro camino, el de dar a los demás lo que vos habías cultivado en mí durante esos años.

Hoy, después de casi seis años de aquel día, puedo decirte que día a día me descubro y descubro más a los otros.

Me gustaría contarte una experiencia que tuve con una muchacha de unos 42 años con parálisis cerebral y un importante compromiso en su lado derecho.

Ella llegó a mis clases en el mes de mayo, contándome que se había retirado de unos talleres para discapacitados porque no la aceptaban por su inmovilidad en la mano derecha, que a modo de reflejo la llevaba en alto con el puño cerrado.

El día que tuvimos el primer encuentro hacía mucho frío en Buenos Aires y todos los integrantes del grupo no querían trabajar por esto. Decido comenzar a frotarnos el cuerpo y a sacarnos todo lo que nos molestaba, lo que no nos agradaba.

Esta muchacha comenzó a golpear su brazo con furia como quien pega martillazos en una pared.

Así comenzó para mí un gran desafío, el de darle a esta muchacha un camino para que acepte sus limitaciones.

El grupo concurre una vez por semana durante una hora, siendo diez personas entre los 25 y 40 años, todos con distintas discapacidades mentales; como segundo encuentro trabajamos con los espejos que nos miran desde adentro. Nuestras manos eran los espejos y sólo se expresaba abriendo poco a poco sus manos.

En el tercer encuentro, trabajé con una pelota de aire muy grande, especial para relajación, y ella se volcó sobre la pelota y quedó allí durante unos minutos con los ojos cerrados.

En este momento todo su cuerpo estuvo sin tensión, hasta su rostro ya no estaba endurecido y sus manos totalmente distendidas abrazando esa pelota.

Después de sólo tres meses sentí que mi labor se había concretado cuando esta muchacha, en una improvisación individual, sólo se expresó con sus dos manos, las que antes no tenían movilidad.

Todo esto demuestra la importancia y la eficacia de tu metodología; en que otros puedan recuperarse, aceptarse, quererse, valorarse, pero brindándoles el tiempo necesario que toda persona merece. Por todo esto gracias, por siempre, te quiero mucho...

Sonia López

Y sigue María José:

Allá por el año 1978, con mis 9 años, comenzaba sin saberlo una etapa importantísima en mi vida...

Conocer a María significó el inicio de una verdadera vocación, descubrir un camino diferente de la danza que me comunica conmigo y con los demás.

Conocerla significa creer en lo que soy; saber mis límites pero valorando mis posibilidades.

Hoy, con mis 27 años, tengo el privilegio de continuar a su lado; de formar parte de su estudio y de poder transmitir la danzaterapia a los demás.

De conocer personas que enriquecieron mi vida, como el caso de un grupo de adolescentes con síndrome de Down —Mariana, M. Antonia y M. José—, que vienen trabajando conmigo desde aproximadamente cuatro años, una vez por semana.

El trabajo es "no integrativo", pero de todas maneras el desarrollo y la evolución del grupo y en particular es sorprendente.

A través de esta experiencia pude rescatar más que nunca el proceso del tiempo; el vivir el antes y el después: el crecer junto a ellas y notar sus cambios.

Actualmente el grupo ha ido evolucionando de tal manera que yo misma tuve que ir cambiando de acuerdo con lo que ellas "exigen".

En el año 1994, por intermedio de María, tuvimos la felicidad de participar en el Primer Congreso de Síndrome de Down, y del V Congreso Mundial del Niño Aislado.

Esos días fueron inolvidables para todos...

Desde mi experiencia, y para finalizar, quisiera rescatar la importancia de esta metodología; que no sólo logró cambios en mi vida, sino que a través de mi camino en la danzaterapia puedo encontrar los cambios en los demás.

Todo esto es posible y más fácil teniendo cerca a su creadora, a quien admiro y de quien sigo aprendiendo.

¡Gracias!

María José Vexenat

Para María, de Irene (mi nieta)

Es difícil explicar, en pocas palabras, lo que significó (y significa) María en mi vida.

Desde muy pequeña, bajo el hechizo de Bach o la fuerza de Piazzola, María transformaba unas cintas de colores o las rústicas sillas de su estudio en elementos rituales y mágicos que se fundían con mi cuerpo, transportándolo a un mundo maravilloso donde la libertad y la creación eran los únicos elementos de ese espacio y ese tiempo inolvidable.

Allí, rodeada de otras niñas, aparentemente tan diferentes y realmente tan iguales a mí, aprendí a conocer los límites y la riqueza de un lenguaje que lentamente me cambiaba y llenaba mi ser de todas las imágenes que María me transmitía desde el amor y el saber. Y así, paso a paso, comprendí la profunda relación que existe entre el cuerpo, el movimiento, el silencio y el sonido. Y aprendí a escuchar la verdad de mis latidos que, como María nos enseñaba, nunca mienten.

Poco a poco, fui cambiando y transformándome en un ser distinto, que anhelaba recorrer otras aventuras que pasaron por la rigidez de una barra, las zapatillas de raso, la dureza de una medida estricta y sobre todo la falta de libertad.

Después ya no pude o no quise volver a lo perdido, y poco a poco fui recorriendo otros caminos que me dejaron huellas distintas, dolorosas y tiernas que tienen que ver con las experiencias del sentir y del vivir.

Y en ese viaje de ida y vuelta en el que siempre se retorna a lo amado, me encontré nuevamente —ya transformada en una mujer— en el sitio exacto donde otras niñas y otras melodías —de las cuales una parte de mí nunca se había separado— seguían el ritual mágico de la vida y el amor guiadas como siempre por María, como si el tiempo se hubiese detenido para esperar mi regreso.

Y por fin, después de tantos caminos andados y desandados, supe que se puede: con el amor se puede, con la verdad del cuerpo se puede, con lo que María me enseña con su propia vida se puede; y hoy, con mis 27 años y mi orgullo de ser madre, siento que ha llegado el momento de dar lo recibido, para que otros descubran en mí su propia esencia, y en ella encontrar los puentes tendidos a todos aquellos que sueñan como yo, con danzar su propia vida.

XI

Finalizando otra etapa

Finalizando otra etapa de vida donde ya no son fragmentos, sino segmentos de una cerámica que voy componiendo en este camino de encuentros con mis límites, con las posibilidades.

He tenido encuentros durante todo el año donde he ido sembrando; aquí en Argentina, en Italia, España, Brasil; obtuve la transformación y la respuesta de mucha gente. Alumnos, quizás yo no diría alumnos, sino raíces de mi cuerpo que adquieren por sí mismas una creatividad y una posibilidad que estaban dormidas dentro de sus cuerpos, en donde yo he sido el puente. Al mismo tiempo, cuando ellos danzan, me dan la fuerza y la energía de caminos compartidos que me llenan de emoción.

Hace unos días, acá en el estudio, finalizamos el año como todos los años. La propuesta era "improvisando con todo". Eran alrededor de treinta personas adultas de una edad promedio entre 20 y 78 años; han estado trabajando conmigo durante el año, dos veces por semana, una hora. Las improvisaciones fueron individuales, donde cada uno de ellos buscó la música y un título con sentido para su danza. La respuesta en forma individual fue muy conmovedora, especialmente cuando Verónica mostró improvisación; pero antes quiero presentarla: es una persona de 25 años, hace dos años llegó con muletas al estudio, mucha inseguridad frente a su cuerpo y sobre todo con una gran desconfianza hacia el entorno. Tiene enorme dificultad en sus piernas y una maravillosa sensibilidad e inteligencia. Nos regaló su danza de fin de año, en el suelo, con música clásica elegida por ella (Vivaldi): se puso en el suelo y comenzó a moverse con expresividad y furia, golpeando con sus brazos, tratando y luchando por abrir sus piernas y desplazarse, hasta que lentamente fue subiendo hasta la barra que encontró con su mano. Ella danzó sostenida en vertical con un brazo expresando los estímulos que la música le ayudaba a crear. Luego, nuevamente en el piso, me llamó a mí y a María José a que nos moviéramos en el piso con ella; terminó abrazándonos. Fue muy emocionante.

La importancia de la danza y la transformación experimentada por Verónica en estos años, donde el grupo de su pertenencia y la danzaterapia ayudaron a liberar, desde adentro de su cuerpo, toda la libertad creadora que hay en ella y afirmando el enorme valor de su comunicación y el poder dar a los otros. Hace un año, Vero no hubiera podido realizar lo que hizo; hay algo que nada puede suplir, que es el tiempo: esperar los cambios, no solamente en el otro sino en uno, y la aceptación; Verónica es una de las tantas respuestas.

Sé que en este libro voy dejando pedazos entrañables de mi propio cuerpo.

Estoy a punto de viajar nuevamente, la gira comienza ahora en enero y por dos meses y medio estaré dando cursos y espectáculos en Trieste, en Florencia, en Milán, en Torino, en Asís y en Madrid.

Me esperan los grupos de trabajo, algunos ya profesionales en esta metodología que va y viene conmigo, la danzaterapia. Son grupos, muchos de ellos, que ya han participado de un curso de formación, donde ellos desparraman fragmentos de vida que va y viene, siempre en movimiento, en donde me dan respuesta de los caminos recorridos y de los que vendrán.

Este año he tenido la gran satisfacción de que la Sorbona de París me invitara para crear, junto al departamento de Musicoterapia, la formación del danzaterapeuta con mi metodología.

Estoy llena de interrogantes en mi interior y espero tener respuestas para seguir creando y dando.

XII

María Garrido, un encuentro con los límites

En estos pedazos que voy desparramando en este libro, hay un lugar privilegiado para María Garrido, la indiecita encontrada en el Maitén.

Quiero dar como testimonio el relato de Josefina, hermana de María Auxiliadora en donde dice el encuentro con María: "María Garrido fue encontrada por la Policía en 1971 en una cueva de la Cordillera, en el Maitén, provincia de Chubut. Según el informe de la asistente social, la niña era sordomuda, vivía en total abandono dentro de una cueva con su madre indígena, su único contacto humano. La anciana indígena murió cuando la Policía entró en la cueva. La niña emitía sonidos y se encontraba en un estado de avanzada desnutrición, ya que sus únicos alimentos eran los gusanos que tenía la viejita en sus llagas y quizás los excrementos de ambas. Las autoridades la llevaron a un hospital. María era entonces un ser indefenso que se movía torpe y muy lentamente sin levantar la cabeza, andaba con manos y pies como un mono. Aunque los dedos de sus manos son largos, el único que manejaba era el pulgar; en sus ojos, nariz y boca tenía focos de pus; no sabía llorar ni reír; tenía un estrabismo pronunciado; nunca pedía nada; no tenía noción de la cantidad de alimento que podía ingerir; era indiferente al frío y al calor. En el hospital tuvo que estar mucho tiempo con los pañales puestos pese a su edad; su piel olía de un modo especial; su pelo muy negro no dejaba entrar el peine; en todos sus miembros tenía vello que fue desapareciendo poco a poco; su boca estaba siempre entreabierta: sus dientes, negros y cariados; y, al abrazarla, sus brazos crujían como papel celofán. Los médicos que la revisaron en el Maitén calcularon, por la radiografía de las muñecas, que la niña había nacido aproximadamente cuatro años antes. Las hermanas religiosas, Siervas de María Anglet, la cuidaron con amor, la alimentaron con gotero dándole leche azucarada, y el médico de la zona aconsejó traerla a Buenos Aires para un estudio más completo. El 27 de junio del '72, la hermana Lourdes llegó con María a Buenos Aires y la hermana Josefina se hizo cargo de María, autorizada por su congregación, convirtiéndose en su madre adoptiva. Así, en el '74, tratando de reeducar a la niña, la madre Josefina fue a comprar un audífono. En el *hall* del negocio vio con asombro que una niña, que tenía audífono, danzaba con gran expresividad frente a la gente. Preguntó a la madre de la niña cómo danzaba si era sorda. La madre le contestó que iba a mi estudio. Entonces, mirando a María, viéndola engordar, con su rostro hacia abajo, con sus brazos sin expresión, dijo: "María quizás pueda danzar."

Un sábado de marzo del '74 María entró en mi estudio, pero no era su sordera lo que sorprendía; eran sus largos cuatro años de soledad afectiva y ese submundo casi animal en que ella inició su vida. Cuando entró María al estudio sentí la mirada del grupo, su aspecto, sus brazos colgando largos hacia adelante, inmensos, su cabeza baja, su espalda encorvada. Sus rodillas dobladas me hicieron sentir ternura para ayudar a integrarla en el grupo de niñas rubias, de camas perfumadas, de besos de mamá; pero también percibí con la llegada de María que algo diferente se acercaba en el encuentro con la danza. Era ver de qué manera, a una criatura que en sus primeros cuatro años vivió aislada, podía yo hacerla acercar al mundo de la danza.

En aquel primer encuentro con María y lo diferente, en un estado límite total, yo traté de motivar al grupo para aceptar a María como una alumna más; se me ocurrió que lo que más necesitaba ella era sentir y comprender lo que en su submundo no tenía: quizás la palabra que podía ser suave, dulzura, amor. Quizás esa palabra podía ser un puente hacia ella, quizás esas palabras serían una manera de sentirlas en forma viva y sobre todo hacerlas relacionar entre sí al grupo. Dividí los grupos en dos partes; todas eran niñas de una edad promedio de 6 a 9 años; María en ese instante tenía 7 y entonces pedí a un grupo que no se moviera y observara lo que pasaba en el otro. Puse telas sobre los cuerpos; que se envolvieran en ellas y, pensando que eran no oyentes, no pudieran utilizar la música (en ese momento era un andante de Vivaldi). Traté de que la palabra "suave" se moviera con el cuerpo y las telas para las no oyentes, y para aquellas nenas que podían escuchar seguí el movimiento impulsada por la música. María fue comprendiendo. Cuando le tocó al grupo en que estaba María, advertí con alegría que mi intuición era acertada.

Aunque María no podía usar la palabra "suave", se movía junto a la tela que por primera vez la transformaba y vi su sonrisa unida al movimiento, con sus dientes desgastados y negros. Así comenzó una experiencia que duró más de diez años.

Quiero contar de qué manera se fue incluyendo con el grupo. Al grupo le conté que María venía de un país muy lejano, que no hablaba nuestra lengua y que si el grupo la ayudaba, podríamos enseñarle a danzar; pero que, sin ellas, María no lo lograría. Todas me besaron y besaron a

María; nunca tuve que darles ninguna otra explicación. Algunas de ellas supieron más adelante que María era sorda. María fue aceptada y querida desde aquel momento.

En esos diez años que María estuvo a mi lado, aprendió a leer y pudo en su lenta reeducación decir algunas palabras, como su nombre y también nombrarme. Nos veíamos una vez por semana, y yo veía sus cambios corporales y cómo iba a un reencuentro de su cuerpo de una manera feliz. María fue cambiando sin imposición; su pecho comenzó a abrirse, su mirada se modificó y comenzó a reconocer las palabras que a veces emitíamos juntas y que sumían a su cuerpo en la expresión. La actitud simiesca y primitiva iba cambiando cada sábado, clase a clase, y su cuerpo respondía a estímulos visuales no verbales, y a la danzaterapia que la unía al grupo, grupo que ayudó a María a no sentirse más sola, ya que modificó su aislamiento. Ella venía a cada encuentro con alegría. María jamás tomó clases a solas conmigo, fue el grupo con su observación quien la estimuló. María ya no era más una niña solitaria, apartada de la civilización; le gustaba mucho improvisar danzas y ya no tenía temor de mostrarse; lentamente, fue sensibilizando su propio mundo y transformando su cuerpo. Su expresión inteligente y la apertura hacia los estímulos han hecho de ella, con la danzaterapia, esta transformación.

Quiero recordar ahora un encuentro con una niña sorda de 11 años que entró en la clase de María, con una edad mental de 4, enormemente traumatizada. María la detectó como persona diferente. Cuando inicié la clase, María se colocó frente a la niña como si fuera la profesora, para ayudarla y hacerle comprender lo que ella consiguió. Quedé profundamente sorprendida y emocionada, y durante toda la clase María fue mi ayudante. Fue sorprendente ver cómo la niña recién llegada se iba comunicando con María y María conmigo, como si fuéramos una raíz. En aquel momento, María tenía 15 años, siete años después de su llegada. María me fue indicando cambios de comportamiento, me fue diciendo sin palabras: "yo soy grande, puedo ayudarte, puedo enseñar", "sí, lo puedo hacer".

Las etapas de comprensión son aparentemente para todos y sin apuro, con el amor y con la comprensión. Con mis miedos y con mis posibilidades pude llegar a María y deshacer la soledad corporal que tenía y abrir en su cuerpo un largo camino hacia la comunicación, descubrir su lenguaje para integrarlo y descubrir su mundo interno y mejorarlo.

Cuántas Marías hay en el mundo, en estados similares. Esta experiencia con María me da fe de que "sí, se puede; y hay tanto por hacer".

XIII

¿Qué es el ritmo interno?

El ritmo está en todo. Está en nuestra respiración, en nuestra circulación, en nuestro nombre, en la manera de movernos, de hablar, de dormir, de amar, de comer. Cada movimiento ejecutado en el espacio tiene que ver con nuestro ritmo. Cada uno de nosotros tiene una manera diferente de moverse con ese ritmo en lo personal, en lo colectivo, pero siempre creadoramente.

Yo utilizo la experiencia que da mi propia vida para reconocer mis propios ritmos y mi relación con los otros.

Para ir al encuentro de los grupos, voy encauzando este conocimiento, tratando de dar un equilibrio psíquico.

Cuando entro en una clase, miro al grupo, observo la forma en que están sentados o en que conversan frente a mí. Ellos me van indicando qué tipo de música o de ritmo debo introducir para iniciar, en forma equilibrada, el camino hacia la expresión y la comunicación.

Si veo que el grupo está agitado, trato de introducir una música tranquila, sedante, que apacigüe y vaya desacelerando hasta encontrar un nivel rítmico estable, para la comprensión de lo que propongo realizar. Y hago todo lo contrario cuando encuentro un grupo con un tono bajo, de desinterés corporal. Entonces tonifico con ritmos contrastados que ayuden a levantar el nivel. Esto lo digo en forma general. Es muy importante comprender y sentir el ritmo que necesita cada grupo, pero primero tiene que estar muy bien reconocido nuestro ritmo personal. Ha sido posible comprender el reconocimiento propio del ritmo a través del encuentro y la experiencia que tengo con los no oyentes.

Ellos, cuando danzan o se mueven con las improvisaciones, cuentan muchas veces únicamente con su propio ritmo, que sólo pueden exteriorizar por medio del cuerpo. Muchas veces reconozco cómo están anímicamente a través de sus movimientos. Y, partiendo de ritmos contrastantes que introduzco, puedo ayudarlos a superar sus estados de incomunicación.

Son ellos los que me han ido enseñando, a lo largo de mi vida, con sus ritmos no sonoros pero sí corporales y expresivos, cómo puedo tratar de entenderlos y de capturar ese lenguaje no verbal; y, a pesar de que no realizo interpretaciones, siento que me están marcando un camino de encuentros y desencuentros.

Se pueden utilizar en forma alternada ritmos fuertes y débiles, haciendo notar su diferencia, especialmente al no oyente. Este tipo de diferenciación se encuentra en nuestra propia vida.

Aun las palabras, que para el no oyente no tienen sonido, pueden ser por su forma fuertes o débiles, y las podemos diferenciar a través del ritmo y el movimiento de nuestro cuerpo. Tratando de ver, por contraste, las formas diferentes que tienen las palabras, tenemos la posibilidad de crear e investigar los diferentes ritmos.

Podemos interpretar ritmos internos no audibles que descubrimos dentro de nosotros, y ritmos externos que vemos a nuestro alrededor, en la habitación en que vivimos, mirando las paredes, las formas de los cuadros, la música, la percusión, los sonidos de la calle, de la naturaleza.

Todo esto puede ser un camino de interpretación y conocimiento, especialmente para el psiquiatra, el psicoanalista, el psicólogo, ya que, a través de la expresión del cuerpo y de los ritmos producidos en forma personal y grupal, pueden comprender cómo ese lenguaje no verbal muestra un mundo desconocido y valioso. El cuerpo, cuando se expresa libremente, no puede mentir.

Este tipo de labor la vengo realizando desde hace más de cuarenta años en mi estudio y en cursos de formación en Italia y España donde, en forma integrativa con la gente con más problemas que uno, nace un estímulo creador que produce aceptación y alegría participando de un cuerpo que se mueve con límites, pero puede hacerlo desterrando los "no puedo".

XIV

Nuestros mayores

La vejez, la tercera y cuarta edad, de los 60 para arriba, las arrugas, el paso del tiempo que va cambiando el cuerpo y deteriorando a veces el pensamiento. La vida nos va limitando. Nos lleva a decir "no puedo", "tengo miedo". Así, al no moverlo, el cuerpo se va cerrando sobre sí mismo y termina por convertirse en una cárcel, sin libertad, convirtiéndose en un mineral.

En Milán tuve una experiencia muy rica con un grupo de ancianos de entre 70 y 95 años, en un asilo en el que vivían.

Allá, yo he formado un grupo de treinta y cinco personas que ya son profesionales de danzaterapia. Una de mis alumnas es la que realizó este trabajo con ancianos, aplicando la metodología aprendida en el trabajo conmigo.

El comienzo fue en una habitación donde, sobre diez sillas, otras tantas personas apoyaban sus cuerpos, sintiendo el peso y la falta de posibilidades de moverlos.

En el video que tengo grabado con el desarrollo de este trabajo, se van viendo las pequeñas transformaciones obtenidas, semana a semana.

El primer encuentro es el de seguir un ritmo con las

manos sobre el cuerpo, tocándolo como si fuera un tambor, sentados en la silla.

Son cuerpos olvidados. Cuerpos que desde hace años apenas se tocan al bañarse. Cuerpos que ignoran que un ritmo puede comunicarse como si fueran tambores.

Este tipo de encuentros les van dando crecimiento e independencia, poco a poco. Después, puede tocarse la silla en que han estado sentados. Reconocerla como algo inmóvil que está afuera y está, también, adentro de ellos.

El trabajo se desenvuelve, el grupo de mayores va tomando confianza. Los cuerpos dormidos recuerdan, despiertan su memoria.

Un aro de mimbre puede ser entonces una ventana. Y resulta emocionante e inolvidable ver esas caras encendidas, asomadas y saludando: "¿Come stai tu?", "Sono bene, sono bene".

A esa altura del curso, que duró un año, ya se ven sonrisas. El grupo, sin temor, juega.

El mismo aro de mimbre sirve para proponer un viaje a través del cuerpo y, ahora sí, se ponen de pie. Han ganado confianza, mueven el aro, lo ponen sobre sus cabezas, lo pasan alrededor del cuerpo. Van así independizando su masa corporal, porque ésta ha sido correctamente estimulada por la palabra y la música.

El color llega en una etapa posterior. Con largas tiras de papel *crêpe* pueden enlazarse, unos a otros. Pueden moverlas y sacudirlas.

El cuerpo ya no produce miedo. Las manos, que al principio se veían yertas sobre la falda, han cobrado movimiento.

"Mira tu mano, tu mano es un espejo, tu mano te mira por dentro y por fuera. Tu mano te sonríe. Vive este instante."

Y las palabras son un puente. Se suman a otros estímulos; a la música, al color, al reconocimiento de la otra persona, al amor.

La vida es un instante, y todas las edades tienen posibilidades de crecer y de vivir, y de compartir su propio tiempo.

Maristella, mi alumna, se convirtió en un puente, a través del trabajo conmigo, para transmitir todas estas vivencias y devolver a este grupo el movimiento de sus cuerpos. Un verdadero encuentro con la danzaterapia. Hay tanto por hacer; es necesario formar gente para que todas las edades sean compartidas a través del movimiento y no porque tengamos años no podamos, creadoramente, expresarnos a través del cuerpo.

Es un largo camino para recorrer, en donde siento la necesidad de que mi experiencia en la danza pueda dar a los jóvenes la posibilidad de formarse a mi lado y acercarse a los mayores a través de la experiencia de la danzaterapia.

XV

Encuentro con los pintores sin manos. Congreso de Taiwán

Todo lo que voy recordando y ordenando en estas páginas son vivencias muy fuertes, experiencias vividas, encuentros reales. Tal vez por eso este libro se me hace carne y movimiento a la vez. Ojalá pueda transmitir estas sensaciones a mis lectores y discípulos, porque ése es, en definitiva, el fin último de mi trabajo: convertir experiencias personales, fruto de investigaciones y aproximaciones humanas y amorosas, en puertas para abrir, en caminos para recorrer.

Quiero recordar ahora lo que sucedió a fines de 1993, cuando un grupo de pintores sin manos vino a visitarme y a pedirme que participara de una muestra de sus obras, que iba a realizarse en el Círculo Naval.

Conocían mis trabajos en relación con el arte plástico, y a mí me interesó la propuesta. Preparé entonces un espectáculo que llamé "Vivencias con la línea y el color".

El salón donde se hizo la presentación era imponente, de fin de siglo; mi público era un grupo de pintores sin manos, muchos de ellos en sillas de ruedas.

Traté de utilizar la música como si fuera sorda, asociándome con la línea y el color, con las imágenes.

El encuentro fue profundo. Hubo pocos aplausos, pero no eran necesarios. Se palpitaba una comunicación honda entre el público y lo que yo promovía en el escenario.

Algo extraordinario sucedió cuando terminé de bailar.

Una muchacha en silla de ruedas se me acercó para abrazarme y me dijo con timidez que ella también era bailarina, que quería regalarme una danza.

Lo que sucedió después trasciende las posibilidades de las palabras.

La subieron al escenario con su silla de ruedas, e hizo colocar una música de rock fuerte. Comenzó a mover su torso, su cabeza y sus manos con energía y mucha expresividad.

Todos permanecimos en silencio; yo me sentía turbada, fuertemente emocionada.

Al finalizar, se levantó la pollera, exhibiendo entonces su única pierna. Con ternura la acarició. Fue simplemente eso, una muchacha en silla de ruedas, una música de rock, un auditorio de pintores sin manos, y ella, allá arriba, en el escenario, acariciando su única pierna.

Fue una experiencia muy fuerte. Le ofrecí darle clases en forma individual, porque sabía que podía mostrarle un camino en el que la expresividad que tenía podía manifestarse en plenitud, y espero que este año esos encuentros puedan concretarse, para enriquecimiento y desarrollo de ambas.

Por asociación me viene a la memoria un Congreso en el que participé hace dos años. Fue en Taiwán; me habían invitado de "Very Special Art", una organización norteamericana con sede en Washington. Éramos artistas de todo el mundo con experiencia en la utilización del arte como un medio de estímulo para la creatividad en personas con límites.

Había representantes de todo el mundo, y de géneros diversos: mimos, actores de teatro, prestidigitadores, folcloristas...

Me rodeaba un mundo en silla de ruedas, y llevé mi experiencia con sordos a ese encuentro.

La última noche se presentó el grupo nacional de Taiwán.

Se trataba de un ballet de treinta bailarines, hombres y mujeres, todos imposibilitados de caminar y de utilizar sus piernas.

Cuando se abrió el telón, el grupo avanzó hacia el proscenio y, durante unos instantes, que parecieron interminables, simplemente miraron al público.

Luego arrancó un rock pesado y ellos comenzaron a deslizarse por sus sillas de ruedas. Eran como raíces. Subían y bajaban, se enroscaban y creaban formas laberínticas, muy impresionantes.

Su danza era pasión, ternura, rabia, dolor y alegría.

Sus piernas inmóviles eran arrastradas por esos torsos, esos brazos y esas cabezas con vida y fuerza. Sus miradas eran como lanzas que alcanzaban al público.

Me sentí conmovida, asombrada. La comunicación con esos bailarines era intensa y profunda.

De pronto sonó un gong. Subieron, entonces, con lentitud, a sus sillas de ruedas. Tal como habían bajado, subieron a ellas. Extrañas figuras escalando; ya sin música.

Nos miraron. Nada más. Treinta pares de ojos expresivos, en comunión con su público.

Eso fue todo, y así se fueron.

Fue una experiencia riquísima; porque en mi trabajo me toca encontrar a mucha gente con gran potencial creativo. Pero sin posibilidades para transmitir, sin conocer el camino.

Ese ballet me dio energía. Así como la muchacha del grupo de pintores sin manos.

Ellos me demuestran que mi camino es válido, que la investigación sobre las múltiples posibilidades expresivas del ser humano tiene sentido. Que son muchos los que necesitan que se les abra una puerta para dar rienda suelta a lo que tienen para entregar, sin que importen los límites del cuerpo.

XVI

Una forma insólita de danza

Este año he sentido, viendo un video, de qué manera los límites del cuerpo pueden ser cuestionados, y revertir los "no puedo", para transformarlos en un hecho creativo y bellísimo.

David Toole ha nacido sin piernas. Ha realizado su sueño de danzar, organizando una compañía de danza en sillas de ruedas. Este grupo inglés que él ha hecho posible, con maravilla y creación, recorre los teatros de Londres y del mundo.

Lo he visto danzar con sus brazos potentes y ágiles, con su cuerpo sin piernas, dejando su silla de ruedas, con un entusiasmo creativo que maravilla. Sus brazos suspendían su cuerpo en el aire haciendo piruetas e, inmediatamente que uno lo veía, olvidaba que estaba frente a un hecho inusual. La creatividad, la belleza, el estoicismo, la pasión eran partes de él, como protagonista; él, junto a los otros de su compañía, utilizaba la silla de ruedas como una forma que simbolizaba las piernas en movimiento.

David Toole dice: "La danza es una forma total; aun no teniendo las piernas puede lograrse la comunicación a través de lo que uno es como persona."

La respuesta del público y la crítica afirmó la creatividad y la fuerza de coreografías únicas en el mundo, donde se siente el poder y la no discriminación de las imposibilidades. Muchos de nosotros tememos cuando encontramos una persona con discapacidad sin darnos cuenta de hasta qué punto hay dentro de ellos la búsqueda de sí comunicarse con los "sí puedo".

Esta experiencia de David afirma lo que siempre ha existido en mi interior hacia la posibilidad de aceptar los límites. Los de David, al no tener piernas, hacen ver de qué manera la voluntad y el desarrollo del cuerpo dan posibilidades inusuales pero profundas, creativas de entrega.

David será seguramente un punto de danza para la cantidad de gente en silla de ruedas que pueden decir a sus cuerpos: tenemos posibilidad de danzar, de otra manera, pero danzar con nuestros límites, para seguir creando y creyendo que "sí puedo".

Es una de las magníficas posibilidades que da la vida, como respuesta a una voluntad donde el trabajo diario con el cuerpo puede hacer posible alejar los miedos y capacitar especialmente a la gente que está en silla de ruedas para la posibilidad de danzar. Éste es uno de los fragmentos importantes de mi vida.

XVII

Diálogo con Violeta de Gainza

Entre los fragmentos de esta vida, creo que es interesante el encuentro con Violeta Hemsy de Gainza, pedagoga musical de fama internacional, en una conversación donde había tantas preguntas y algunas respuestas.

V: Has escrito y publicado mucho sobre el tema de la danzaterapia.

Pero, como el tema es tan rico y abierto, pienso que podrían surgir cosas interesantes de una conversación "tête a tête". María, ¿cuándo se te ocurrió que estabas haciendo danzaterapia, además de enseñar danza?

M: Creo que hace más de treinta años. Al comienzo, quizás de manera inconsciente, llevada por mi intuición artística, sentía los cambios del otro a través del movimiento. Así se produce una apertura en mi camino, que aún no sé hasta dónde me lleva.

V: ¿Qué pasó hace treinta años?

M: Conocí a Leticia, que tenía 4 años y era sorda. Ella me dio la clave que me permitió abordar la puerta e intro-

86

ducirme en el mundo del silencio, desde un punto de vista diferente del que podemos tener los que escuchamos.

V: Cuando tuviste la posibilidad de trabajar con una paciente sorda, ¿qué hiciste? ¿Trataste de leer libros sobre hipoacusia?

M: Yo estaba desesperada porque no tenía ni la más mínima idea sobre este tipo de patología. Sin embargo, yo percibía algo que me aseguraba la posibilidad de penetrar en ese mundo desconocido, poblado. Alrededor de quince años antes de ese encuentro, yo había comenzado a danzar sin música. En el año 1941 compuse mi primera danza sin música, que se titulaba "La última hoja". Yo era muy pobre, vivía en Liniers y viajaba en el tranvía número 2 —no lo voy a olvidar— hasta Retiro para tomar mis clases de danza con Ekaterina de Galanta, con la que comencé mis estudios de clásico. Era otoño, había una fila larga esperando el tranvía. Vi cómo una hoja que ya estaba bastante mustia, a pesar del viento, no caía. (A mí me atrae mucho la naturaleza, el árbol es uno de los personajes importantes en mi vida.) Luego, mientras viajaba parada y sosteniéndome de arriba para no caerme, me imaginaba que yo también estaba suspendida, como la última hoja. Al llegar a mi casa, pensé en qué música le pondría. En esa época yo estaba profundamente influenciada por el romanticismo y la música impresionista. Chopin, Debussy, Ravel —sin olvidar a Bach, por supuesto— eran mis músicos predilectos. Pero no encontraba la música que correspondía a la imagen que me obsesionaba. Entonces me dije: ¿Por qué no bailar sin música? Así nació mi primera danza en silencio, lo que determinó —junto con otras coreografías que luego realicé— una parte importante de mi trabajo coreográfico. La aceptación de que es posible moverse no sólo a través de los estímulos audibles, expresando el propio mundo interno.

Leticia, la nenita de 4 años, me vio bailar en un teatro

suspendido en las nubes, el del Hogar Obrero. Cuando escuché sus gritos, su deseo de lenguaje, pensé que quizá la danza podría ayudarla a entrar en el lenguaje del cuerpo y a ampliar así su comunicación.

V: Hablas de silencio y también de mundo interno. Por una parte, la danza es algo concreto, con una dinámica particular; por otra, el movimiento surge de un impulso. ¿Será que tu mundo interno se nutre de impulsos? ¿Cómo es esa relación, esa transformación interior que produce el paso de la emoción a lo concreto del movimiento?

M: Yo trabajo mucho con la imagen y también con el instinto. Ambos son productores de estímulos. Se concreta de diferentes maneras; para mí no existen fórmulas, voliciones ni situaciones fijas en relación con la creación. Cuando algo ronda dentro de mi cuerpo, pujando por expresarse, provocado por estímulos audibles o de otro tipo —la emoción o el contacto con algo—, me van surgiendo imágenes de movimiento que yo dejo fluir. En la proyección espacial de esas imágenes que aún no tienen una dirección establecida, surgen núcleos a partir de los cuales logro centrar mi energía para desarrollarla. Tomo esos núcleos como puntos de partida y nunca es igual. No tengo fórmulas para moverme y tampoco para transmitir mi experiencia de tantos años en el encuentro con la danzaterapia.

V: Estás hablando de lo que sientes y de lo que te pasa. Se supone que tus propias vivencias te dan la pauta hacia la comunicación con el otro.

M: Casi siempre lo que sucede en mi cuerpo tiene que ver con la necesidad de ir al encuentro del otro.

V: Tu cuerpo es como un laboratorio.

M: Considero que todos estamos hechos de la misma manera, y las cosas que me suceden a mí le están pasando a los demás. Pero siempre digo que yo me siento como un puente.

V: Una caja de resonancia.

M: Para que el otro no solamente me acepte sino que acepte lo que tiene adentro; para que los dos, de alguna manera, nos comuniquemos.

V: Aceptar lo que tiene adentro para poder, desde allí, desarrollarlo. ¿En qué consistiría entonces un proceso danzaterapéutico a partir del núcleo al cual te referías?

M: Veo el proceso como cambio, como aceptación y también como límite. Creo que todos estos aspectos están inter-relacionados. Si yo no conociera mis límites no podría desarrollar ni comprender el límite del otro. A través de mis frustraciones, de mis alegrías, de mis miedos, puedo acercarme al otro.

V: ¿Se da también lo contrario, o sea que a través de los miedos y de la percepción del otro llegues a comprender mejor lo tuyo?

M: Aprendo permanentemente de los demás. Es verdad que, a través de lo que yo percibo, vivo, me transformo y, sobre todo, me comunico.

V: Y recibiendo... Porque eres, María, una caja de resonancia muy sensible. En realidad, tus devoluciones se originan en la percepción muy profunda de lo que le está pasando al otro.

M: Cuando me permite llegar hasta su cuerpo como si yo fuera un hilo conductor al que él puede entregar, sin temor, todos sus "no puedo".

V: El maestro, el danzaterapeuta en este caso, sería el hilo, el puente, el sostén que le permite al otro expresarse y desarrollarse. María, resulta muy claro cuando uno te conoce y ve tu trabajo, y también cuando uno habla contigo, el poder fenomenal de tu intuición. ¿Cuál es la relación entre tu intuición y tu reflexión en el campo profesional?

M: La reflexión viene después de la acción. Nunca antes. Sólo sucede cuando he absorbido carnalmente, corporalmente, a través de la piel, la experiencia, y siento la necesidad de entregarla. Sólo entonces, y luego de un proceso que nunca es rápido, voy aprendiendo a reflexionar. Reflexiono haciendo. Mi cuerpo es más sabio que yo; mi cuerpo es el que aprende. A partir de ese aprendizaje, luego es posible el pensamiento y la reflexión. Pero lento, en el momento de dar, sintiendo los cambios que experimentamos, los otros y yo.

V: Antes de preguntarte acerca de cuáles serían algunas de esas reflexiones fundamentales, quisiera que nos cuentes si otras personas que están a tu lado (docentes, especialistas de la danza y de áreas afines, en fin, el público...), que conocen tu trabajo y han experimentado personalmente a partir del mismo, ¿han aportado sus propias reflexiones, sus teorías...?

M: Te puedo decir que, después de cincuenta años con la danza, siento con toda certeza que, a través de mi trabajo, muchos profesionales han cambiado profundamente sus respectivos enfoques.

V: ¿Profesionales de qué áreas?

M: Especialmente en el campo de la danzaterapia, aquí y en el exterior. Tengo videos muy interesantes de personas que están haciendo la formación conmigo en Italia, donde se puede apreciar la aplicación de mis materiales y propuestas con drogadictos, enfermos de sida, con enfermos mentales.

V: ¿Podrías describir, desde tu óptica, los cambios que se observan? ¿Cómo trabajaban antes y cómo trabajan ahora?

M: Siento que están en un camino más verdadero, desde el momento en que no parten de preconceptos intelectuales sino de una experiencia personal. Puedo también percibir los cambios en el cuerpo mismo de estos profesionales.

V: Parecería que estás planteando una especie de oposición al expresar implícitamente que lo "mental" interfiere en el encuentro con la verdad interior.

M: Creo que lo mental es fundamental; de lo contrario, no existiría la posibilidad de sistematizar los productos de la intuición. Esta última constituye un camino pero, para poder avanzar —sobre todo para transmitir—, si no se usa el pensamiento, no hay posibilidad de progreso. Siento que mi vida me ha enseñado a pensar sobre lo que hago, la forma de dar y de estar en perpetuo movimiento y también en crisis frente a las posibilidades que tengo que desarrollar.

V: ¿Podrías describir una crisis?

M: Haber pasado por una profunda depresión. Me sentía como un mineral; mi cuerpo estaba muerto, la música no me penetraba, había perdido el sabor de la alegría. No podía sentir...

V: Estás refiriéndote a una crisis personal que incide en tu contacto con tu trabajo.

M: Cada noche, al acostarme, deseaba poder volver a sentir. Por la mañana, me tiraba al suelo para convocar la energía que me permitiera, simplemente, mover mi mano en el espacio.

V: Parecería que estabas intentando una autocuración a través del movimiento, una danzaterapia. Escuchamos a menudo que, frente a diversas circunstancias de la vida, ciertas personas —cuando están cansadas, preocupadas, etc.—, sienten la necesidad de escuchar o hacer música como una verdadera forma de terapia. Recién describías cómo la danza constituía también una terapia para vos.

M: Lo único que quería era vivir. Este proceso me tomó un largo año, no fue un día. Así fui rescatando la mano, el brazo, la cabeza, el cuello. Yo no pensaba en la danzaterapia ni en nada, yo no me estaba analizando.

V: Esto lo vemos ahora.

M: Cuando mi cuerpo, únicamente a través del movimiento, comenzó a restablecer conexiones con la vida, entonces busqué en la música un contacto de penetración hacia mi cuerpo. La música me ayudó muchísimo.

V: Quiere decir que hiciste danzaterapia y musicoterapia. María, ¿cómo podrías explicar la relación entre la música y la danza?

M: Están tan unidas para mí que no podría afirmar que el cuerpo no se mueve mientras escucha. El cuerpo responde a la música no sólo a través de los oídos. Toda la piel es un instrumento de resonancia donde la música penetra y sale si se lo permiten: le proporciona el puente.

V: Gerda Alexander decía, en relación con las percepciones visuales y el cuerpo, que cuando una persona presencia un partido de fútbol, por ejemplo, no se encuentra estática corporalmente porque acompaña la acción de los otros con sus propios movimientos, a veces de modo imperceptible.

M: Yo siento exactamente lo mismo. ¿No te acuerdas lo que me pasó hace muchos años en el Hospital Ferrer con los niños y jóvenes poliomielíticos internados y en pulmotor? Bailé para ellos a pedido del departamento de Musicoterapia del Hospital. Cuando fui a conocerlos, sufrí un impacto muy grande al comprobar el grado de inmovilidad que padecían y me cuestioné si mi trabajo produciría efectos positivos o negativos. Con el apoyo de la psicóloga, decidí enfrentar la experiencia. Realicé mi calentamiento en presencia de los enfermos, en la sala de pulmotores. Traté entonces de ir expresando mis miedos mientras sacaba de la valija la ropa que iba a usar y les contaba de qué manera yo calentaba mi cuerpo, cómo pensaba en el orden de las danzas, en los colores de la ropa. El espectáculo se llamaba "El viaje de María". Empecé a bailar las canciones de los diferentes países que amo, que conocí a través de mi trabajo como bailarina. Yo estaba muy emocionada. Después de un rato, les pedí que cantaran para que yo continuara bailando. Cantaron una infinidad de canciones; hasta que sentí que no daba más. Entonces me tiré en el suelo y les dije: "Mi cuerpo no puede más... Yo traje algo para ustedes." (Te imaginas que no había aplausos.) Y le puse un caramelo en la boca a cada uno. Cuando regresé a mi casa, estaba muy sacudida. Me bañé, me acosté y esa noche soñé que yo estaba en el pulmotor. A la mañana cuando me desperté sentí que mi cuerpo estaba vivo. Llamé inmediatamente al hospital para ver qué había pasado con ellos. La psicóloga me dijo: "Lo lograste. Ellos soñaron que se movían." Esta experiencia me aseguró que aun aquellos seres que están en la máxima inmovilidad y limitación se mueven por dentro. Pero nuestros miedos, la sociedad que nos oprime nos quita la posibilidad de sentir ese contacto con la música que es cuerpo, como la palabra. La palabra es cuerpo cuando uno se mueve. Y, si la música es cuerpo, el cuerpo se mueve.

V: A través de tus palabras, va quedando claro que la intuición es como un estado superior del ser humano. Es algo que hoy en día tiende cada vez a valorizarse más. Hace algún tiempo, cuando se decía que un profesional era intuitivo, era algo en cierto modo despectivo (si alguien no sabe por qué hace algo, sus logros podrían parecer casuales, circunstanciales). La tendencia en investigación y en casi todas la áreas en la actualidad es a valorizar la intuición como una forma no consciente de integrar toda la experiencia previa. Y esto es lo que trasunta de lo que estás diciendo. ¿Cómo se tendría que formar una persona para sensibilizarse y agudizar esa percepción de la realidad, del sí mismo? Dijiste que algo de lo que hiciste en el Ferrer fue "bailar tus miedos". Eso suena a una propuesta superactualizada del campo de la psicología social o de otras áreas que tienen que ver con la comunicación humana.

M: Creo que el haber protegido, a pesar de las modas que fueron desarrollándose alrededor de mí durante estos cincuenta años de vida, esa intuición que es la madre de todo lo que hice y de lo que haré en mi vida, a través del tiempo no sólo tiene un carácter creador. Busca averiguar, comprender el porqué, para qué y, como dije, muy especialmente el cómo dar. Yo no soy única, sino una persona que tiene un medio común a todos. Puedo decirte cómo trato de desarrollar, y por qué mis encuentros con todos — en los que aprendo tanto— son tan creadores y me conmueven. ¿Qué es lo que yo promuevo para que el otro pueda dar? Primero, la libertad. Segundo: la pérdida del miedo de ser; no importa cómo: con un brazo o una pierna que no se mueve, con "mi" gordura, con "mi" vejez, con mis "no puedo". Y después les digo: "Sientan lo que ocurre adentro y, simplemente, ayuden al cuerpo a ser, a estar vivo. No importa lo que salga del cuerpo; todo está bien."

V: ¿Y eso se traduce después en qué?

M: En movimiento, en vida. Y en cambio. Hace un rato me preguntaste qué es lo que cambia. Cambian el concepto de vida en relación con lo que hacen y con ese amor infinito que hay que tener para poder dar y reconocer en el otro los propios límites. Ése es el único aprendizaje.

V: Quiere decir que ya estás enunciando aquello que yo pensaba preguntarte. ¿Cuáles serían esa serie de premisas o conclusiones básicas acerca de tu trabajo? ¿Hay otros emergentes?

M: Sí. A medida que ese camino se va haciendo, produce placer, misterio, emoción. Produce comunicación con uno mismo. Hablo de la persona que está recibiendo. Cuando veo que el grupo está uniéndose en una misma cualidad, emergiendo, no me siento más sola.

V: ¿Podrías explicarlo?

M: Cuando el cuerpo está aislado, significa meterse para adentro, con temor. Uno siente que está solo en el mundo.

V: Sería como una retracción corporal. ¿Estás hablando de tu cuerpo o de el del otro?

M: Hablo del grupo. Pero también de mí. Lo he experimentado. Todo lo que digo es cuerpo.

V: ¿Quiere decir que el cuerpo es la ventana por donde miras el mundo?

M: Siento que ninguna palabra sale de mi intelecto sin que el cuerpo participe. Lo que estoy diciendo son palabras que se han convertido en cuerpo; mi pensamiento es cuerpo. Con todos los estímulos que pueda desarrollar. Al sentir el grupo como una realidad que me concierne (hablo de la gente y hablo de mí; yo no enseño nada, lo repetiré mil veces), yo doy la experiencia viva. Por eso ellos encuentran en mí lo que ellos son. Y no me ven diferente sino como a alguien que ha vivido más tiempo con su cuerpo y que por eso puede dar. Yo no me quedo con lo mío puesto que estoy preparando el camino de ellos. Cuando el grupo siente que de lo individual puede pasar a lo colectivo porque lo está viviendo, entonces se nuclea y se empieza a producir un hermoso laberinto.

V: Una red donde uno tiene que ver con el otro, y se ligan.

M: Yo estoy sola aquí (me muestra un dedo). No siento, no veo. Una vez que he aprendido que puedo comenzar a moverme por mí misma y que hay otros que con su soledad también están haciendo lo mismo. Pero yo no me daba cuenta de que existía, aunque había cuarenta o cincuenta personas a mi lado. Y hay otro que también, a su manera, es distinto. Y empiezo a mirar. Y a través de las ventanas de mis ojos percibo que no estoy sola. Que está el otro, y el otro y el otro. Y empezamos a ligar nuestros cuerpos y percibimos que sentimos lo mismo. Entonces se arma la maravilla del grupo en donde todos somos parte, inclusive yo.

V: Éste era el otro emergente. Estás hablando de la comunicación grupal.

M: Importantísimo. Es el grupo lo que produce el cambio. El hecho de que yo soy tú y que, a través de lo que estás haciendo, me voy reconociendo. A través de tu cuerpo que se mueve, me veo como en un espejo; aunque seas aparentemente diferente a mí. Esto es lo que produce — entre comillas— el "aprendizaje".

V: Por favor, María, ¿podrías referirte a tus conclusiones acerca de la relación entre el color y la forma con el movimiento? Y qué tiene que ver esto con la música.

M: Si yo soy sorda, la música no puede influir en mi cuerpo. Siempre he estado unida a las artes plásticas (Picasso, Miró, Van Gogh, artistas maravillosos que influyeron desde mi adolescencia), siempre ligada al color y a la forma. En aquella época jamás podría haber imaginado que, justamente, el color, la línea y la forma podrían constituir un lenguaje —como es la música— para que nosotros, los sordos (que somos muchos, aunque creemos percibir música y otros comentarios sonoros), podamos recibir estímulos para mover el cuerpo. El color, la forma plástica, la maravilla de las estructuras.

V: ¿Cuál sería el enlace entre la línea y el movimiento?

M: Si observas, por ejemplo, aquel dibujo (señala uno

de los cuadros originales entre la colección que nos rodea en su estudio), vas a advertir que su fuerza reside en la diagonal. Si yo soy sorda y lo miro, únicamente a través de las diagonales voy a conectarme con eso como si fuera la música. Y puedo también iniciar un camino de ritmo a través de la línea... Si se quiebra, si es continua. Igual que en la música, se hacen proyecciones. Como sorda, no sé qué significa una síncopa pero, si recorro el trazo de la línea (papá-pa), ya estoy conectándome tal vez con ese ritmo particular. Si hay un trazo redondo (uh...), el movimiento circular y recurrente, más el sonido que emito, produce una integración a través de la participación de todo el cuerpo: traduzco en movimientos las formas que veo. El sordo no puede, como nosotros en este momento, percibir esta música medieval a través de las paredes; ejecutada por un determinado instrumento con una melodía que sube y baja... Siendo sorda, lo único que puede motivar la elevación del cuerpo es la línea, que sube en la vertical y luego desciende. Siempre acompañando la línea con sonidos muy expresivos y con onomatopeyas, el estímulo de lo visual puede mover a los sordos. ¡Qué maravilla! Al moverse, comienza a emitir sonidos primarios, guturales a veces, que parecen surgir de la figura. ¿Qué diferencia hay entre las manos que aparecen en las pinturas rupestres del Río Pinturas, en nuestra Patagonia, y las que se encontraron en otros lugares del mundo? En todas partes aparece la mano como un signo ritual. Es la misma mano que tenemos nosotros, ahora. Tal vez aquélla era más sabia: representaba una síntesis e iba a lo directo. Para mí: todo lo que me rodea, lo que veo, penetra en mi cuerpo y sale. Puedo bailar el color rojo de esta alfombra, el verde, la línea del horizonte.

V: ¿Qué significa esto, María? ¿Qué te produce, por ejemplo, el color, rojo? ¿Qué es lo que está entre el rojo y el movimiento?

M: Me produce un movimiento expansivo. Sale de mi cuerpo una forma que se conecta con esa percepción.

V: ¿Es algo directo, automático?

M: ¡No! No es automático. Depende de quién soy yo, de mis gustos, de cómo me siento. Hay personas que prefieren el azul al rojo, porque este último las deprime o entristece. Todo es muy abierto. No es un sistema de correspondencias; una línea ondulante se introduce en el cuerpo de cada uno y produce resultados diferentes, algunos lo realizarán en el lugar, otros utilizarán el espacio. A los más pequeñitos los acercaré a la ventana y les mostraré una nube para sugerir un movimiento ondulante. O bien, a los 5 ó 6 años, contemplamos el dibujo del mar. Utilizo entonces la palabra "ondulante" y ellos la repiten mientras se mueven. No permanecen estáticos, se comunican, y eso es lo que importa. El arte visual constituye una gran ayuda para permitir que los sordos adquieran y desarrollen capacidades rítmicas, calidades de movimiento, estructuras espaciales, y otras sensaciones y aptitudes que los oyentes vivenciamos a través de la música y los estímulos sonoros. Expandir lo que hay dentro.

V: Eso es lo que hace la música: expandir lo que hay dentro. María, ¿qué te resuena con la palabra "impulso"? ¿Es significativa para vos?

M: Dar, dar.

V: ¿Consideras que la danza y el movimiento son particularmente indicados en un tipo específico de discapacidad, de acuerdo con tu experiencia?

M: Yo he tenido resultados muy positivos en largos años de trabajo con pacientes con problemas mentales — esquizofrenia, síndrome de Down— con sordos, espásticos y hasta con un cierto nivel de autismo. Aparte de eso, personas con estrés como nosotros. Para mí, es fundamental integrar a las personas con ciertos límites —yo no los llamo discapacitados; es una persona diferente, es mi semejante— en grupos heterogéneos donde se sienten todos unidos y comunicados. Jamás doy clases individuales. Mucha gente, como nosotros, está discapacitada también.

V: ¿Podrías contarnos sintéticamente en qué consiste tu proyecto actual en Milán?

M: Después de quince años de trabajo en Italia, donde di un sinnúmero de cursos introductorios a la danzaterapia (en Roma, Florencia, Milán, Assisi, Génova, Trieste), y de tener ya uno de mis libros traducido al italiano (*Primer encuentro con la danzaterapia*), la Comuna de Milán me ha contratado para dirigir la formación de danzaterapeutas en un lapso de tres años con módulos periódicos, en septiembre y en enero. En este momento, cuento en Milán con cincuenta estudiantes que se han venido formando conmigo en los diferentes seminarios que he dado en Italia. Trabajo con ellos en forma intensiva durante un mes —mañana, tarde y noche—, esperando completar su formación a través de estos tres años. Por primera vez en Italia se ha creado un Centro Formativo de la Danzaterapia.

V: ¿Cuentas con varios colaboradores en ese centro? ¿Qué otras actividades se han programado?

M: Las áreas básicas, además de la danzaterapia, son la Psicología y la Musicología. Los demás especialistas están abocados a la estructuración de los programas. Por ahora, se ha comenzado con el área del movimiento. Se espera que en estos tres años, de carácter experimental, surja el plan integral. Acabo de dictar el primer módulo en el mes de septiembre. Pero además de Milán, en el '92, tendré que volver a Assisi a continuar mi trabajo de Introducción a la DT, y a Florencia a trabajar en el Instituto donde se han desarrollado mis ideas y que lleva mi nombre.

V: También quisiera que nos contaras qué es lo que vas a hacer ahora, en noviembre del '91 en China.

M: Me han invitado a presentar mi trabajo de danzaterapia en el Simposio de Educación Internacional del "Very Special Arts Festival" que se realizará en Taiwán. El tema de este congreso es "El desarrollo de las potencialidades artísticas y la educación de las personas discapacitadas" (15 de noviembre de 1991). Estoy muy emocionada por esta posibilidad de acercarme a China y de conocer el trabajo de colegas de todo el mundo.

V: También estás trabajando en España. ¿Qué se está haciendo allí en materia de danzaterapia?

M: Lamentablemente, no estoy muy enterada de que se haga algo en este campo. Se me ha contratado para trabajar en el "Real Patronato para Discapacitados" de Madrid, que depende directamente de la reina Sofía. También voy a trabajar en Menorca, en el "Centro para el Desarrollo del Bienestar Humano".

V: ¿Qué sientes a esta altura de tu vida?

M: El teatro, como manifestación total, como posibilidad creativa, constituye para mí una parte fundamental de este trabajo de entrega en donde el cuerpo es el personaje. Siento que ahora me interesa mucho menos realizar espectáculos individuales en teatros. Esa etapa ha enriquecido el mundo que me sostiene actualmente —pronto voy a cumplir setenta años— y desearía tener la posibilidad de estos veinte años que desearía vivir, de continuar brindando mi experiencia a los otros. Lo que me hace feliz es que esto no termina en mí. Por eso siento mucha responsabilidad pero también miedo. Siempre me pregunto: "¿Estaré en condiciones?"

V: Puedes quedarte tranquila, porque delante de ti tienes el ejemplo de Martha Graham, que casi llegó a los cien años trabajando. Quería, antes de terminar, preguntarte si consideras que existe una inteligencia "espacial".

M: Sospecho que sí, pero no tengo la certeza.

V: Howard Gardner, el famoso psicólogo norteamericano, con su teoría de las inteligencias múltiples, afirma que por lo menos existen siete formas específicas de inteligencias identificables, una de las cuales es la inteligencia espacial. Antes se pensaba que la única forma de la inteligencia era la lógico-matemática. Hoy en día se habla de inteligencia musical, inteligencia para la comunicación intra e interpersonal y otras.

María, querría pedirte algún testimonio inédito de los últimos tiempos.

M: Lo que me dijo un chico, uno de mis alumnos en el último curso que di en Milán. Le falta una mano y tiene una pierna más corta que la otra; está descompensado, con una imposibilidad bastante seria en su cuerpo pero, al mismo tiempo, una necesidad muy grande de hacer. Al final del curso, se me acerca y me entrega un trozo de papel donde había anotado: "Yo no sentía. Era una piedra. A través de tu sonrisa pude crear mis raíces."

V: Esto confirmaría una vez más que cuando los docentes recibimos esos testimonios gratificantes, somos en realidad depositarios de proyecciones personales. Este joven tuvo la lucidez de explicitar que te quiere y te agradece porque le permitiste encontrarse a sí mismo.

Todavía el "broche final". Desde el punto de vista de María Fux, ¿cuál es la relación, de semejanza y de diferencia, entre educación y terapia?

M: La palabra "educación" para mí, debería tener muchas comillas. Lo mismo la terapia.

V: ¿Qué significan esas comillas? ¿Miedos...?

M: Educar significa dar y cambiar. Terapia significa dar y cambiar, ¿verdad?

V: Eso es desde el punto de vista del docente o del terapeuta. ¿Y si nos ponemos del otro lado?

M: Yo no utilizo palabras, sino la acción. Por eso no quisiera terminar esta entrevista con disquisiciones técnicas o filosóficas acerca de lo que las palabras significan. Seré muy limitada, pero repito, yo no uso la palabra "terapia" ni "educación"...

V: Entonces, no te importa. No hay diferencia. ¿Es eso?

M: Quiero decir que se produce como una unidad. Yo no hago terapia, ni ningún otro tipo de interpretaciones. Lo único que hago es estimular las potencialidades que existen en el otro. Igual que cuando te doy algo de comer. Estoy brindándote lo mejor que tengo.

V: Y lo que el otro necesita.

M: En el momento adecuado. No siempre me puedes recibir. Algunas veces, una de las dos no pudo recibir. Ahora que nos estamos dando es el momento adecuado, es el tiempo justo. Pero lo hemos logrado a través del tiempo y no cuando una o la otra lo quería.

V: Por eso la sensibilidad es la reina. La que permite darse cuenta, reconocer el tiempo adecuado.

M: El encuentro con el otro. Por eso es tan importante el amor.

XVIII

Después de mis setenta

Estamos finalizando 1996, es diciembre y, como siempre, hago un resumen de lo que he hecho y de lo que quisiera hacer. En este año realicé como solista, en el Teatro San Martín de Buenos Aires, mi espectáculo "Después de mis setenta".

Surgió dentro de mí la necesidad de hacerlo cuando en mi trabajo corporal diario siento cada mañana, hablando con mi cuerpo, su necesidad de expresarse; y, viviendo sus cambios y sus posibilidades, pensé por qué no hacer un espectáculo donde pudiera contar, a través de palabras que se hicieran movimiento, lo que pasaba dentro y fuera dentro y fuera de mi cuerpo con estos setenta años. Así comenzó.

¿POR QUÉ LA GENTE siempre me pregunta cuando me ve "todavía danzás?" ¿Qué querrá decir "todavía"? Si yo fuera una escultora, o una pintora o pianista, con mis setenta vividos, nadie me diría "¿todavía creás?". ¿Por qué la gente me pregunta "todavía"? Así surge mi espectáculo, hablando con el público; expresándome y tomando con humor los todavía, puedo danzar.

¿QUÉ ES EL TIEMPO? Ése fue el otro encuentro: ¿el tiempo de afuera o el de adentro? Yo siento que, cuando me muevo, muchas veces se separan y en algún momento misterioso se encuentran; y es ese ritmo interno el que me nutre y me mueve. Con este fragmento se inició en el espectáculo mi relación con la música.

¿Y MI PIEL? Cambia, miro sus tiempos diferentes y así siento que me mira, la hago mía en todo su recorrido de mi cuerpo; cuando veo mis manos, miro mi rostro y siento que amo mi piel y acepto sus cambios.

¿Y MIS MIEDOS? Son enormes cuando siento y veo tanta sangre derramada injustamente, en donde me siento parte y en donde no quisiera que ocurriera más. ¿Pero se puede? Yo me siento parte de ese todo. A través de una tela roja, larga, inmensa en el escenario vacío, fui danzando mis miedos, en donde el rojo impregnaba mi cuerpo de horror.

Y siempre con el sonido del mar, con ese fluir que no se detiene pero que ha cambiado a través de mi madurez, que me mira desde "Otros espejos" en donde, con mis miedos, mi piel y los tiempos, pude lograr en el escenario formas de participación en la creatividad con mi danza.

¿Y EL SILENCIO EXISTE? Profundo, dentro de mí, siento sus ritmos internos que apoyan una creación en donde el oído, que tiene memoria musical, no participa. Puedo desprenderme como si pelara una manzana y llegar justo al centro del núcleo de mi corazón, donde siento sus ritmos internos y en donde puedo danzar, silenciosamente sin que pese, y se hace danza. También siento los nudos dentro de mi cabeza, quiero desatarlos y únicamente moviéndome puedo hacerlo, en silencio.

¿Y LA CONTINUIDAD? En donde la música existe, es como un hilo permanente que jamás se ha roto desde aquel primer momento en que hice mi encuentro con la danza. Se fue revelando como un hilo que fluye y en donde hoy me uno a la niña de 15 años que está en mí y sigue danzando.

Y EL MAR ES COMO EL AMOR, siempre en movimiento, fluyendo; lo siento vivo en cada cosa que miro.

LA ALEGRÍA DE ESTAR VIVA, sembrando mi experiencia para los otros, sintiendo que la pregunta que me hacen, "¿todavía danzas?", tiene un sentido profundo, fuerte, lleno de movimiento, con muchas preguntas y algunas respuestas.

Es o fue el espectáculo danzado en donde la repercusión del público y de la crítica ayuda a pensar en una continuidad de vida en la espera hasta los ochenta. Sí, porque continúo sembrando.

XIX

Pérdidas y encuentros

Estamos a comienzos de abril en Buenos Aires, recién llegada de mi gira artística y pedagógica por Italia y España. Siento en mi piel y en mi cuerpo una palabra que se ha hecho carne.

Estando en la estación de Milán, casi al final de mi gira de dos meses y medio por Florencia, Milán, Novara, París, pedí a mis alumnos, como siempre lo hago, me ayudaran con mis enormes valijas, donde llevo mis sueños, que se van cumpliendo dentro de ellas, y me ayudaran a tomar en este caso el tren que me llevaba a Assisi, la última parte de los cursos que estaba realizando en Italia. Mis alumnos las colocaron en la puerta del tren y partieron hacia sus trabajos. Las valijas quedaron solas por un instante, ya que yo quería cerciorarme de dónde estaba ubicado mi asiento. Cuando retorné a buscarlas para llevarlas a donde debería estar ubicada, vi que faltaba el bolso más importante de todo mi equipaje. Me habían robado el bolso donde yo tenía guardados, a través de una selección de más de treinta y cinco años, videos, músicas, diapositivas, las telas y elásticos de mi espectáculo, una pequeña cajita donde yo guardaba objetos personales importantes para mi vida, entre ellas un pequeño ángel de plata que me acompañaba en todo el viaje. Todo en un instante. Grité, pedí auxilio a la Policía; el tren ya partía.

Me senté en ese tren que me llevaba a Assisi, a donde yo debía llegar después de seis horas de viaje, y proseguir mi curso en la Citadella. Estaba indefensa, sintiendo que las horas de amor y de encuentro con la música, con las diapositivas, con los videos, habían desaparecido y que era muy difícil que las pudiera encontrar. Me sentía desnuda, sin protección y, aunque en muy diferente estado, sentía de nuevo la pérdida de mi madre. Eran dos golpes enormes en mi propio cuerpo, en donde posteriormente habría de tener una respuesta maravillosa.

Llegué deshecha a Assisi, a las once y media de la noche. Me esperaban Nora Cervi y Pía, la gente amada de Assisi, que dirige la Citadella, en donde yo estoy dando cursos de mi metodología desde hace catorce años. Ellas me llenaron de amor y esperanza, pensando que ese bolso no tenía valor para nadie, sino para mí, y lo iban a dejar abandonado en la estación. Eso no se realizó; pero sí, al otro día, llamé por teléfono a Lilia Bertelli, directora del Centro Creativo Estudio de Danza y Movimiento, en donde yo tengo la Escuela de Formación con mi nombre. Contándole lo sucedido, ella se convirtió en un ángel protector porque la vida me devolvió lo que yo había entregado en estos catorce años que viajo a Florencia y en donde había dejado para la continuación de los cursos material de trabajo, videos y música. Con una rapidez increíble me hicieron copia de videos y música que les había entregado en otras etapas de la evolución de mi trabajo en Florencia, y gracias a ese apoyo pude comenzar el curso en este caso, con cincuenta personas que aguardaban con impaciencia la iniciación. En tiempo de viaje, Florencia dista de Assisi aproximadamente dos horas. Con una celeridad increíble, el paquete, es decir mi tesoro, el tesoro que había dado, volvía a mis manos, y con lágrimas abrí y comencé a pensar que esa pérdida, el robo, tenía la contracara, la otra cara, la solidaridad, el amor de tantas llamadas de alumnos que querían entregarme músicas para que yo pudiera continuar mi camino. Al final del curso, un gran paquete, envuelto en colores, era el regalo de un bolso maravilloso con dos pares de zapatillas de danza.

Esto es un punto de partida. La vida me ha dado la posibilidad de seguir cambiando, se puede recomenzar siempre. La felicidad de haber sembrado sin pensar en recoger nada me ha dado la alegría de recibir tanto, tanto.

Ahora inicio en mi estudio y en mi casa el reencuentro con valores más y más profundos para seguir creciendo.

No quiero dejar de contar la satisfacción que he tenido con la invitación de la Sorbona de París para dictar un curso de danzaterapia. Los musicoterapeutas que tomaron clase conmigo en París me llenaron de enorme satisfacción porque siendo musicoterapeutas comprendieron con enorme creatividad el paralelismo entre musicoterapia y danzaterapia.

XX

Lilia Bertelli.
Firenze

Hace más de quince años conocí a Lilia Bertelli. Ella, a través de su Centro Estudio de Danza y Movimiento, me contrató para realizar un curso de danzaterapia; y quizás en aquel momento ni ella ni yo sabíamos qué iba a suceder, y sucedió la maravilla.

Desde el primer momento, sentí que se establecía entre nosotras un punto de reconocimiento del valor del otro. Ella escuchaba y absorbía todo lo que yo iba entregando en el curso y veía su transformación, que a través de los años se hizo más profunda frente al conocimiento y al valor que la danzaterapia tiene como posibilidad creadora.

A través de numerosos cursos que fui dando sin interrupción en estos quince años, se solidificó una amistad entrañable y una valorización de mi trabajo de danzaterapia, para que juntas realizáramos en Florencia la primera Escuela de Formación en danzaterapia, con mi nombre, creada en Italia.

Durante todos estos años la evolución en todo sentido, dentro del Centro de Estudio, ha acrecentado entre nosotras una proyección en la comunicación que no se puede dar con palabras.

Yo agradezco a Lilia, ya que ella no solamente me ha dado la posibilidad del Centro, de tener un hermoso lugar donde irradiar mis mensajes, sino que me espera en su casa, en donde en cada cosa que rodea los días en que la habito, encuentro su amor y su protección.

Cuando ya regreso a Buenos Aires, Lilia queda con la organización y la dirección de mi trabajo de danzaterapia. Entre nosotras se ha producido una raíz en continuo movimiento, en donde ella y yo configuramos cuerpos para desarrollar en los otros el camino en la danzaterapia.

Si hay una palabra que puedo decirle a Lilia, por su generosidad y comprensión, es: "Gracias por haberte encontrado."

XXI

Assisi, Citadella Cristiana

Mi vida parece hecha por fragmentos; pero no es así. Todo tiene como un hilo invisible que va desarrollándose en el tiempo como un laberinto, tratando de encontrar puertas o ventanas para ver el sol. Esto sucedió hace catorce años, cuando realicé en el Teatro de la Citadella Cristiana un espectáculo que se llamaba "Encuentro con la Danzaterapia". Parece tan lejos y tan cerca... La gente que me rodeaba en ese momento era un grupo numerosísimo de congresales que estaban en un Encuentro sobre Técnicas Corporales. Mi demostración fue un gran éxito e, inmediatamente, la gente que dirige la parte cultural de la Citadella me contrató para un curso al año siguiente. Jamás imaginé que vinieran durante todos los años sucesivos cientos y cientos de personas de toda Italia, que se reencontrarían conmigo desde aquel año hasta ahora, en forma continuada y con enorme proyección.

En ese lugar mágico de Assisi, en donde el Giotto y san Francisco se unen en leyendas, en pinturas, en donde la ciudad es un retablo del Medioevo, yo ya me siento parte.

Nora Cervi, Adelaida, Pía, Nena, Teresita me acogen con enorme ternura, me dan la más bella habitación ubicada para gozar del crepúsculo desde la ventana, siempre diferente, bello, siempre misterioso. En esa habitación, donde me siento como en un refugio cuando llego después de meses de labor intensísima en Italia, me encuentro con su ternura, su dedicación, su amor en las frutas que colocan en la mesa.

Gracias, Nora, por todo lo que me has dado y por todo lo que podré realizar en los años venideros.

XXII

La continuidad, ¿son fragmentos de vida?

Estos fragmentos de mi vida se han ido desgranando; son como un hilo misterioso que va guiando mi cuerpo para que se convierta en palabras.

¿Debo concluir o continuar esta etapa?

Cuando leo lo que he escrito, siento que he dejado muchas cosas suspendidas en el aire.

Estos fragmentos se van haciendo como una cerámica en donde pongo todo mi cuerpo.

En los caminos de vida que han pasado, siento que he sembrado. Acá en mi país o en otros. Y he podido, quizás, ayudada por ese hilo misterioso que es la danza, continuar mi vocación y trasvasarla a los otros.

Quizás quedan muchas preguntas que resolver y no sé si estos fragmentos podrán dar parte de mi vida, pero sí estoy segura de que he dado respuestas en las palabras a lo que dice mi piel, estos pedazos de vida son como pisadas que dicen: estoy viva para seguir danzando y sembrando.

A mi hijo

No puedo finalizar *Fragmentos de vida* sin agradecer desde mi corazón la dicha de tener un hijo como Sergio, que compartió y comparte toda mi vida en este camino de búsquedas en donde sus músicas acompañaron tantos espectáculos y en donde su ternura y comprensión de esta vida en movimiento me ayudó siempre para seguir sembrando. Gracias, hijo.

Anexo fotográfico

1. *La línea me da caminos para danzar.*

2. *Danzo y soy feliz.*

3. En el aire hay un punto.

*4. Mis manos sin edad quieren danzar. Grupo de
danzaterapia del Centro Estudio y Movimiento, Florencia.*

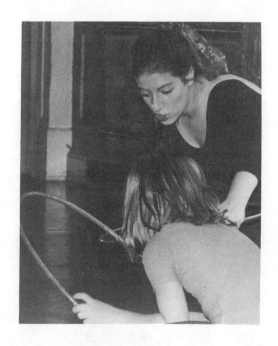

5. *Todo es redondo dentro y fuera. Irene.*

6. *Siempre puedo crear, Grupo Danzaterapia,*
Citadella Cristiana, Assisi.

119

7. Lo inmóvil se mueve. Hospital SARA, Brasilia.

8. *Mis pies son como mis manos, pueden danzar.*

9. *Mis manos son mi cuerpo que habla. Sonia.*

10. Busco mi propio espacio. María José.

11. Teatro Colón, Buenos Aires, 1951.

12. Teatro Colón, Buenos Aires, 1951.

13. *El espejo está en mi mano...*

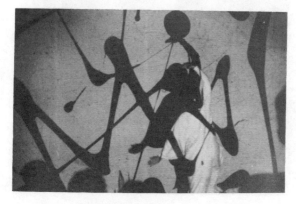

14. *La línea me mueve.*

15. Me transformo...

16. Luz y sombra como la vida....

126

17. *Después de mis setenta.*